新装版

目からウロコのコーチング

なぜ、あの人には部下がついてくるのか?

播摩早苗

PHP文庫

○本表紙図柄＝ロゼッタ・ストーン（大英博物館蔵）
○本表紙デザイン＋紋章＝上田晃郷

はじめに

今、船が、沖合いの島に向かい出航するときを待って、港に停泊しています。動力は船のエンジン、追い風も拍車をかけます。この二つが推進力です。位置確認や天候予測などのためのいろいろな機器も備わっています。

ところが、いくら環境が整っても、出航を妨げるものがあります。錨《いかり》です。錨を上げなければいつまでたっても船は出航できません。

ここで、船を「あなた」だと仮定してください。島はあなたの「目標」です。エンジンや機器はあなたの「能力、行動力」です。追い風は、「周囲のサポート」。時化《しけ》や逆風、嵐は「目標を阻《はば》む障害」です。そして錨はあなたの中にある「恐れ」なのです。

私たちは錨を上げることを、自分で決断しなければなりません。そのタイミングを慎重に判断する必要はあるのですが、恐れとつき合い、停泊したままでいては、いつまでたっても目的の島まで到達できないどころか、近づくことさえできないのです。

錨をいつ上げるのか決断をすべきとき、日頃あなたはどうしていますか？

私たちは、信頼する誰かに話をすることが、不安を軽くしていくうえで非常に効果的だということを知っています。ひとに話を聴いてもらい、受け入れられたときに、私たちの中には安心が生まれます。さらに、そのひとに見守られていると、目標達成までの行動に勇気がもてます。

あなたという船が置かれている現状をあなた自身が認識し、不安を軽減し、目的の島まで航海することをサポートするのが、「コーチ」です。

では次に、あなたの部下が船であると考えてみてください。管理職であるあなたは、部下という船がいよいよ船出をし、目的の島に向かって行こうというときに、「恐れ」という錨を上げる決断の助けとなっているでしょうか。話を聴き、部下の心に勇気と安心を生み、「君は孤独じゃないよ」というメッセージを発信し、目的の島に向かうサポートをしているでしょうか？

安心どころか、ロクに話も聴かずに、脅しをかけ、不安を増大させている管理職がいます。「しっかりやらないと、大変なことになるぞ」「島にたどり着けなかったら、君への評価は下がるぞ」などと。

そんな言葉は、部下の中にある錨をもち上げる助けになるどころか、恐れをさらに深く重いものにしているのです。推進力ではなく、マイナスの負荷といえます。

あるいは、出航のタイミングから航路のとり方、障害の乗り越え方まで、逐一命令している管理職もいます。それは無意識のうちに「君は自力で島にたどり着けるはずがない」というメッセージを発信していることになり、部下は強風のたびに港にもどり、あなたの次の命令を待って停泊することになってしまいます。

コーチングとは、「部下」という船がエンジン全開で、目的の島に最短の航路で向かうために、管理職であるあなたがどうサポートすれば効果的か、そのコミュニケーション方法を明らかにしたスキルです。

さて、高級クラブといわれるところに、あなたが出入りしているかどうかはわかりませんが、そこで働く女性たちは想像がつくと思います。東京なら銀座、札幌ならすすきの、福岡なら中洲、大阪なら北新地あたりを夕方歩いていれば、すれちがうことはあるでしょう。

こういった夜の社交場のメッカといえる地域にある高級クラブには、中規模のところでも数十人のホステスさんがいます。その中の「ナンバーワンホステスさん」というと、とびきりの美人と想像するかもしれませんが、必ずしもそうではありません。

実は容貌的には(私の主観ですが)その店での中の中程度の方が多いのです。中の中の方は、自分が中の中であることを知っています。ですから、別の能力をもとうとするのです。「じゃあ、フェロモンの勝負か……」と返ってきそうですが、彼女たちの実績を分けているのは、実はコミュニケーション能力なのです。「コミュニケーション能力」というと、「おしゃべりの面白さ」と誤解されるかもしれませんが、そうではありません。彼女たちのコミュニケーション能力の高さのことを、通ってくる男性たちは、「真心がある」とか「心根がいい」と評価していますが、ナンバーワンホステスさんの接客には、たくさんの学ぶべきコミュニケーションスキルが活かされています。その中にはコーチングスキルと非常に近いものも多くあります。「おしゃべりの能力」とは違う「コミュニケーション能力」とはどういうものなのか、これから一五の項で順にみていきます。

男性たちが「話を聴いてもらいたい」と、高いお金を支払って通う高級クラブのコーチングスキルとはどのようなものかを考察することによって、管理職には、より身近にコーチングスキルとその成果をご理解いただけると考えます。

コミュニケーションのお手本とさせていただいたのは、銀座の某クラブのナンバーワンホステス、Mさん（三〇歳）です。管理職にとって苦手な部下がいるように、Mさんにもお客の好き嫌いはあるそうです。「売上に貢献してくれるのが必ずしも好きなお客ではない」というのは上司にとっての部下と近いものがあります。しかし、Mさんは嫌いなお客だからといって、接客の質を下げたりはしません。〝成績〟がいいお客も、そこそこのお客も、「いい気持ちで呑める」環境を、いつも同レベルで提供しているのです。

Mさんが「好き嫌い」で仕事をしないのは、みんなお金を落としてくれる「お客さま」だからです。

上司にとっての部下も皆お金をもってきてくれるお客です。部下は、まぎれもない「社内顧客」なのです。どのくらいのお金をもたらしてくれるかは、上司の手腕にかかっています。それもMさんと同じです。部下を「いい気持ち」にさせれば、顧客以上に確実にお金を運んでくれるのです。

そして、Mさんは嫌いなお客でも嫌いであることを相手に悟られるようなヘマは、決してしません。では、管理職はどうでしょう。期待していない部下は、部下自身もあなたに「期待されていない」ことをとっくに知っています。「わからせたほうがいい」「部下はそのほうがやる気が出る」という管理職は多いのですが、それは間違いです。あなたはそれで奮起するタイプだったかもしれませんが、すべての部下がそうではありません。そこで切り捨ててしまっては、部下という財産をそのまま「宝のもち腐れ」にしてしまう可能性が高いのです。

コーチングを使う効果の一つを直截《ちょくせつ》にいうと、「相手にとって『話を聴いてもらいたいひとになれる』ということ」です。管理職であるあなたが、部下にとって「話を聴いてもらいたいひと」となったら、部下にどんな変化が訪れるでしょう。「船」のたとえでいうと、「島」に向かって船出する彼らのエンジンや錨は、どうなるでしょう。

管理職がやるべきことは、部下に錨を上げさせることです。そして、広い海原で、たとえ時化でも逆風でも自分で判断できる能力を備えさせることです。

もし今、「部下は脅せばやる」と思っていたら、「脅す」というツールに加えて、「コーチング」という別のツールも携帯してみてください。頻繁に使っていくうちに、きっと「コーチングのほうが使い勝手がいい道具だ」と実感してもらえると思います。

そして、Mさんに学んでください。部下が発揮する能力は、「いい気持ちで働けるサポートをできるかどうか」というあなたの管理職としての能力にかかっています。

さて、私がコーチングを学びはじめたときには、プロコーチのほとんどがプライベートコーチングの業務だけを視野に入れていました。プライベートコーチングとは、プロコーチとクライアントがマンツーマンでセッションを行なうものです。私の会社である㈱フレックスコミュニケーションでも、開業当初は個人を対象にしたプライベートコーチングと、企業の経営者・管理職を対象としたエグゼクティブコーチングの需要がほとんどでした。

プライベートコーチングでは、さまざまな職種の幅広い年齢層のひとがクライアントとなります。コーチは、スポーツ界のイメージから、その道に熟達したひとが後進の指導にあたるととらえているひとが多く、「そんなにいろいろな仕事のひとのコーチになれるんですか?」という質問をたびたび受けました。

しかし、船のたとえを思い出してください。船のナビゲーションは、航海の専門家でなくてはできませんが、錨をもち上げるための安心を生み出すことは、コーチングカンバセーションによって誰でも行なうことができるのです。

そこに航海に関する専門知識は必要ありません。コーチングカンバセーションとは、船の「能力、力」を確認し、起こりうる可能性のある「障害」を明確にすることなどで、相手の心に勇気と安心を生み、目標の「島」に向かって進むサポートする会話なのです。このとき必要なのは業務の専門知識ではなく、「コーチングスキル」なのです。

プライベートコーチングや管理職を対象としたエグゼクティブコーチングのクライアントは、「資格をとりたい」「売上を伸ばしたい」「起業したい」「自社ビルを建てたい」などという「目標達成派」と、上司・配偶者・子ども・友人・家族・お客などとの「人間関係を豊かにしたい」という「コミュニケーション改善派」の二つに大きく分けられます。コーチングスキルはこのどちらのタイプに対してもとても有効です。

そこで、会社組織もいち早くこの「コーチングの有用性」に注目し、今、コーチングスキルそのものを人材育成や接客に活かそうとしています。管理職がコーチングスキルを習得することで、業務においてプロコーチが行なうコーチングと同等の成果を得ることができます。

プロが行なうプライベートコーチングのセッションは、定期的に時刻を定めて電話・面談・メールなどで行なわれますが、組織の中では面談形式のセッション以外に、部下との日常のコミュニケーションの中でスキルを使い、成果をあげることが可能になるのです。

しかし、組織でコーチングを行なおうとする場合、管理職が「コーチングスキル」だけを学んでいても、成功するものではありません。スキルと同時に自分のインターナル環境（コーチの内面的環境）に関してのトレーニング、つまり意識改革に本気で取り組む必要があるのです。上辺だけのコーチングスキルが独り歩きした結果、部下を操作するテクニックとなってしまい、結局、長期的な成果を出せないケースは枚挙にいとまがありません。

そこで、コーチングの両輪である「コーチングする側がどのようにスキルの研《けん》鑽《さん》を行なうのか」ということと、「コーチはどのようにインターナル環境を整えるのか」ということの二つを紹介するのが、私がこの本を執筆した目的です。

コーチングらしきものを使って、コーチングらしきことをして、「部下を思いどおりに操りたい」と思っているなら、この本は有効ではありません。コーチングはひとを操作したり、自分にとって都合のいい存在に変えるための理論ではつくられていないのです。

ですから、この本では、コーチングの「理論」「スキル」「実践」を、別々の項にあえて分けていません。コーチングのスキルとインターナル環境は切っても切り離せないもので、この二つを切り分けて伝えるのは、ひとを心と身体に分けろというようなもので、所詮無理なのです。

　第1項「コーチングとは何か」、第2項「部下を伸ばすコーチング」では、概括的にコーチングを説明し、第3項以降の一三項目は、主となるスキルを中心に、それを行なうためのインターナル環境、事例について一項目の中でまとめて述べています。また、それぞれの項で、コーチングの実践の場面でつまずきがちな要因と、それを解決する方法をプロコーチの視点で詳しく解説しています。ベーシックなスキルから順に紹介していますが、各項目は独立した短編として読んでいただけます。コーチングを核として、そこから発展した人間関係やコミュニケーション全般の話を一五のオムニバスで紹介していると考えてください。

　この本では主に「管理職とその部下」「ナンバーワンホステスのMさんとそのお客」の会話を軸に話が進んでいますが、コーチングはすべての人間関係で普遍的に使えるものです。管理職を親や先生に、部下を子どもや生徒に、あるいは自分をMさんに、妻や夫・部下をお客に置き換えていただけば、きっとどの関係においても役に立つと思います。特に思春期の子どもとのコミュニケーションで悩んでいるお父さん・お母さんや、パートナーとの関係を改善したいというひとには参考にしていただきたいものです。

この本をコーチングスキル学習のためだけではなく、あなたのリレーションシップ構築の一助にしていただければ幸いです。

二〇〇四年五月

播磨早苗

新装版 目からウロコのコーチング▼目次

1 Coaching

コーチングとは何か〈注目される背景〉

2 Coaching

部下を伸ばすコーチング

3 Coaching

聴くことと受け入れること

4 Coaching

承認〈褒めることと叱ること〉

5 Coaching

Iメッセージの力

6 Coaching

聴くことと信じる能力

7 Coaching

コミュニケーションから生まれるエネルギー

8 Coaching

ページングはコミュニケーションの入り口

9 Coaching

コーチングを妨げているもの

10 Coaching

達成目標のビジュアライズ

11 Coaching

質問をクリエイトする

14 *Coaching*

コーチングのストラクチャー〈構造〉

本文イラスト――堀江篤史

1 Coaching

コーチングとは何か〈注目される背景〉

▼なぜ、コーチングが必要とされるのか

「コーチ」というと、まずスポーツ界の〝コーチ〟を思い浮かべるひとが多いと思います。今までのプロ野球やサッカーの指導者は、現役時代に注目を集める高い実績を残したひとがほとんどでした。ですから、私たちは、野球やサッカーのコーチの仕事は、自分の高い技能やノウハウを後進に伝授し、指導することというイメージをもっています。

しかも「鬼コーチ」という言葉があるように、そこにはつきものとして「厳しさ」があります。

本当にコーチのノウハウを伝授すれば、プレーヤーは伸びるのでしょうか。

現役時代は名選手といわれたひとでも、指導者として名を残すことができるひとと、結果を出せない

ひとがいます。そこを考察するといろいろなものがみえてきます。その二つを分けているのは、実は「選手個々の技能を見極め、優れた部分に焦点を当て、伸ばせるひと」か、「相手かまわず自分のノウハウを押しつけ、合わない選手を潰してしまうひと」かという違いです。つまり、鬼コーチが結果を出すというのは思い込みと誤解がつくりあげたセオリーだったのです。

これまでビジネス界においても、管理職の人材育成の手法は、スポーツコーチと同じ考え方で行なわれてきました。つまり、「プレーヤーとして有能だったひとが管理職となれば、同じやり方を受け継がせるために、的確な指示・命令ができき、部下も同様に成功できる」という考え方です。

ところが、指導者が厳しく自分のやり方を押しつけてトレーニングしてきた組織では、いざ試合となった場合、〝選手たち〟は、コーチの的確な指示がないと判断に迷い、立ち往生してしまうという事態を招くのです。

景気のいい時代、動きの緩やかな時代は、それでもなんとか乗り切ってこられました。しかし、現在の厳しいビジネスシーンでは、〝試合中〟に自分で考えて動けない選手は、大切なビジネスチャンスを逃してしまいます。

「今は、何が起こるかわからない変化の時代」ということを実感しているひとは多いと思います。情報一つをとってみても、これまで業界の人間しか知りえなかった情報をお客は容易に手に入れ、比較検討するようになりました。商品のみならず、医療・法務などの専門知識に関しても、一般人は無知ではなくなりました。たくさんの情報の中から主体的に商品やサービスを選びたいと思っているのです。

また、かつて存在していた社会全体の支配関係が崩壊しているために、管理職にとって部下は扱いにくい存在となり、管理職世代と若い世代とのコミュニケーションの接点は、明らかに小さくなっています。

管理職は、部下とどういうコミュニケーションをとったらいいのかわからず、その入り口のところでつまずき、その結果若い世代を「わけのわからない人種」と位置づけていますが、若い世代にとっても「管理職はさっぱりわからない」という存在なのです。

そんな中、〝チームのコーチ〟である管理職がもっている「答」が正解であるという保証はどこにもありません。以前の正攻法が今はもう、ありふれた手段や陳腐なやり方である場合が多いのです。

このような社会背景において、組織は、自分で考え、行動できる人材を育成する必要に迫られています。その「必要」によって生まれた「手法」がコーチングです。コーチングはさまざまな分野で練られ磨かれて発展しながら、今のコーチングスキルが生まれました。これらも「時代」が要請するものに日々形を変えていくでしょう。

▼コーチングとは何か

さて、私は「コーチングって何?」とたずねられると、**「コーチングとは、会話によって相手の優れた能力を引き出しながら、前進をサポートし、自発的に行動することを促すコミュニケーションスキル」**と答えています。

コーチングは、今までいろいろな説明で表現されてきました。

「ビジネスコーチングとは、人間の無限の可能性を信じ、一人ひとりの多様な持ち味と成長を認め、適材適所の業務・目標を任せる持続的に発展する経営を実現するためのコミュニケーション・スキルです」（本間正人著『[入門]ビジネス・コーチング』)、「個人の自己実現をサポートするシステム」(榎本英剛著『部下を伸ばすコーチング』)などさまざまです。

コーチングを学んだひとならこれらの表現が一つの幹から出ている枝であり、もとを質《ただ》せば同じ理論を説明していることが理解できるのですが、言葉だけを比較すると、同じものを扱っているとは思えないほど多様です。この本を読み終えたら、あなたも先に示したことがすべて同じコーチングのことをいっていると理解できると思います。

さて、ではいつも私が説明している**「コーチングとは相手の優れた能力を引き出しながら、前進をサポートし、自発的に行動することを促すコミュニケーションスキル」**という視点で順にみていきましょう。

「相手」とはコミュニケーションの相手すべてです。家族、友人、部下、恋人――会話をする相手なら誰に対してでもコーチングできるのです。

ですからビジネスシーンでは、必ずしも管理職がコーチでなくてもいいのです。コーチングスキルを用いることができれば、部下がコーチにもなれます。私の会社内では、互いによくコーチングを行ないます。そこに上下の立場は影響しません。家庭においては子どもが親をコーチングすることもできます。夫・妻などパートナーの前進を互いにサポートするために、コーチの役割がそのときどきで入れ替わることもあります。

前述のように、スポーツのコーチは、かつて名選手だったベテランが自分の技能を選手たちに伝授する、というイメージですから、子どもが親に、部下が上司にコーチングできるなどというと、違和感を覚えるひともいるでしょう。

コーチングは熟達者が後進を厳しく指導するということではありません。むしろその対極にある考え方といえます。**「相手の可能性を引き出し、自分で考え行動することをサポートする」**のがコーチングなのです。そこには、「指導」という概念はありませんし、**コーチとその相手は対等**、という立場をとります。コーチングのときはどちらが上でも下でもありません。相手の職業に関する専門知識も必要ありません。必要なのは、可能性を引き出すコーチングスキルなのです。ですから、コーチングを習得すれば、どのような相手との会話でも使えるのです。

私の周囲には大勢のコーチがいます。どちらがどちらをコーチングするという約束がなくても、私自身が会話の結果、「成果」を感じることはありますし、いつのまにか相手のほうが「自分の答」にたどり着くこともあります。このように、コーチングするというコンセンサスがない場合でも、コーチングスキルを使うことによってコーチングの効果は得られます。

それはコーチングが、「会話をして他人とコミュニケーションをとり、生きていく」という人間の自然な心のあり方に則《のっと》ったスキルだからだといえるでしょう。日常生活のどの場面でも、誰が相手でも、普遍的に適用できるのです。

次に**「前進をサポート」**と述べましたが、「現在の地点から進むこと」なら、すべて前進といえます。

ビジネスシーンにおいて、上司がコーチとして部下の前進をサポートする場合をみてみましょう。

部下が、例えば「売上を伸ばす」「業務の障害になっている問題を解決する」「プロジェクトを成功させる」「資格をとって昇進する」「家庭の悩みを解決する」などという目標を掲げた場合、それらの目標達成は、すべてが**「前進」**です。

そして、目標達成に向かうプロセスにおいて「売上を伸ばすためにお客を紹介してくれるひとにアプローチする」「業務上の障害を解決するためのアドバイスをしてくれるひとを探す」「資格をとるための勉強時間を割《さ》けるようにタイムマネジメントをする」「家族と話し合う」などという「達成のための手段・行動」を考え出すことも前進です。

過去のビジネス研修には、「叱る」「泣かせる」「地獄の特訓」など厳しいものが種々ありましたが、これらが永続的に効果があるとは思えません。限られた短い時間の中では「前進」したかのようにみえますが、部下が後ろから突かれて、ビクビクしながら足を踏み出している感じがします。

そんな場合、ひとは身体だけは前進していても、心は緊張と後ろ向きな感情に満ちています。それでは、たとえ一時的に成果をあげられて前進したようにみえても、動機づけがなくなったとたんにもとにもどってしまいます。さらに、その動機づけにもいずれ慣れがきてしまい、いつも同じ強度では、効果が現れなくなります。これを「閾値《いきち》が高くなる」といいます。閾値が高くなってしまうと、マネジメントする側はもっと大きな刺激で部下のやる気を喚起しなければなりません。

あなた自身が、そんなふうに外からの刺激で仕事をさせられることを想像してみてください。自分の人生を自分でコントロールしている実感に乏しいでしょうし、それでは自立できているとはいえないでしょう。

コーチングで得られる「前進」は、コーチングの相手自らが望んで行なうものです。そして、コーチはそれを強制する立場ではなく、**サポート**する立場なのです。

さらに、コーチングは**「自発的に行動することを促すコミュニケーションスキル」**です。たとえ「成果」につながる即効性はなくとも、「自発的」であることによって、やる気は長い間持続するのです。

では、この**「自発的に行動する」**についてみていきましょう。

相手の前進をサポートするために、コーチは何をするかについて、「何もしない」「話を聴くだけ」「観察するだけ」など極端な表現をするひとがいます。でもこれらは、あながち外れているとはいえません。コーチはアドバイスや意見はほとんどいいません。ここが、カウンセラーやコンサルタントと大きく違う点だといえるでしょう。

コーチは「聴いて、受け入れて、質問する」のです。ここには、「ひとは自分で『答』にたどり着いたときだけ前進できる。ひとは他人から命令されても軽やかに動けない。**その答は、そのひとの中にある**」というコーチングの考え方があるからなのです。その答にたどり着くためにサポートをするのがコーチです。そしてこの答こそが、コーチングで引き出される**「相手の優れた能力」**なのです。

▼命令から生まれる心理的抵抗

誰にでも子どもの頃、こんな経験があると思います。

親に「早く宿題やっちゃいなさい！」といわれる。それは「さあ、今から立つぞ。今から勉強部屋に行くぞ。そして、ノートと教科書を開くぞ」と頭に描いていた、まさにそのタイミング。ところが親のその一言を聞いたとたん、その意気込みがどこかへ行ってしまって、「やろうと思っているところにいうようなあ〜」と不満を述べつつ、もう一度座り込む。

こんなとき、あなたの「やる気」はもとのゼロよりも、むしろもっと下のレベルにまで下がったでしょう。

これを**「リアクタンス」**といいます。リアクタンスとは元来、電気回路に生じる「抵抗」を意味する言葉です。宿題をしろと命令され、心理的な「リアクタンス」を生じたので、それまでの意気込みが萎《な》えてしまったのです。もとのやる気レベルにもどすには、もう一度座って、仕切りなおしをするしかありません。

上司から命令された場合、「仕事だからやるけれど……」といやいや取り組むとか、親や先生から強くいわれればいわれるほどあえて反対のことをしたくなる、ということが起こります。これがリアクタンスです。**「ひとは他人から命令されても軽やかに動けない」**のです。

逆の場合を考えてみましょう。取り組む目標を自分で決めた場合は、たとえ乗り越えるのが困難な状況にあっても、「何とかしよう」と知恵を絞ります。乗り越えた先にある目標が具体的にみえていれば、「あそこに行きたい！」と、そこへ向かう熱意はさらにパワフルなものになります。つまり、願望が本心から生まれたものであれば、意志や努力を意識しなくとも進められるのです。

さらに、目標を達成したときに手に入れられるものが明確なら、障害を乗り越

えるためにふりしぼれる力は、より力強いものになるのです。つまり自ら掲げた目標のほうが、それを達成するために自発的に取り組むことができるのです。

「そのひとの中にある答」とは、つまり**「そのひとの優れた能力」**ということです。コーチによって引き出されたその「答＝優れた能力」は、もっとも強力にそのひとを行動へと促します。

たとえわずかな前進でも、ささやかな答でも、その積み重ねがひとを成功へと導きます。その答を引き出し、前進をサポートするのがコーチだといえます。

▼自発的な行動は一〇〇％の解に勝る

さて、よく管理職から「部下が出した答は、不完全だ。私がもっている答のほうが明らかに正解だ。その場合はどうしたらいいのか」という質問を受けます。ここでは、仮に「管理職がいうように管理職のもっている答が明らかに正解」ということで考えてみましょう。

上司であるあなたの「命令」が成功への最短の答であるとします。つまり、一〇〇％パーフェクトであり、部下の答にしたがった場合は五〇％程度の成功率だとします。

部下が自分自身の五〇％の答にしたがって目標達成に取り組んだ場合、自らのモチベーションを上げられ、実力を最大限に発揮できれば、手に入れられる結果はあなたの期待の五〇％くらいには到達すると予測できます。

しかし、部下があなたの一〇〇％の正解にしたがっても、具体的な目標があやふやなまま進み、モチベーションも上がらず、熱意も低いとしたら、手に入れられる成果は、はたしてどのくらいでしょう。二〇％？　三〇％？　ひょっとすると〇％かもしれません。

たとえ五〇％の答であっても、部下自身が導いた答に向かっていくことで、最終的に得られる成果は、上司が与えた一〇〇％の答にしたがうより高い場合があるのです。

さらに、結果は五〇％だとしても、かけがえのない成果を得られています。それは「五〇％達成した」という自信が手に入ること、そして残りの五〇％が新たな目標となり、熱意が生まれることです。この内側から生まれてくる「熱意」こそが仕事の喜びであるのはいうまでもありません。

自分の仕事人としての成長を思い出してください。次の戦略を自分の中から導き出せたとき、それを具体的アクションへと落とし込むとき、私たちは、「仕事ってなんて面白いのだろう」と、仕事からしか得られない喜びを実感し、それがステップアップへつながったのではないでしょうか。

上司から与えられた答・「命令」にしたがおうとすると、失敗を恐れる気持ちが膨らみます。そこからは萎縮《いしゅく》や緊張が生まれますが、自分で決めた自分の取り組みであれば、そこには楽しさ・軽やかさが生まれます。

コーチングの**「自発的に行動する」**という考え方の陰には、「ひとはみな条件が整えば、自分の力を最大限に発揮して、自己実現に向かう」という理論があります。ですから、上司が部下をアメとムチで操作するのではなく、「自己実現に向かうサポートをする」という考え方を受け入れないかぎり、ビジネスシーンでコーチングスキルを使っても効果が上がりません。「部下なんて、放っておいたらサボってばかりいる。彼らを叱咤《しった》激励して、堕落を食いとめるのが私の役目だ」と思っていてはコーチングにはならないのです（１２２ページ「聴くことと信じる能力」参照）。

▼銀座のホステスMさんにみる、コミュニケーションの極意

「地獄の特訓」などのビジネス研修では一時的に成果を得られても、効き目が長くは持続しないと前述しました。それは、「地獄の特訓」はいわゆる「ムチ」だからです。即効性はありますが、ムチで動かされても部下の自立の助けにはならないのです。

銀座の高級クラブのナンバーワンホステスMさんの接客スキルをみる前に、彼

女のプロフィールを簡単に紹介します。

東京出身。都立高校を卒業して、デザインの専門学校に進学しましたが、在学中に喫茶店でアルバイトをしていたとき銀座のミニクラブにスカウトされ、一九歳でこの世界に入りました。専門学校卒業後は、印刷関係の仕事に就き、ミニクラブでのアルバイトと両立させていたのですが、二一歳のときには高級クラブでのホステスを専業とするようになりました。

Mさんは、一見したところ、東京の出身にはみえないちょっとおっとりとしたタイプです。語尾を上げたり「てにをは」を伸ばしたりの話し方をしないので、軽薄な感じがなく、好感がもてます。中肉中背で、肉感的とはいいがたい体型。目はパッチリとしていて、少し唇が厚く、丸顔なので年齢より五歳くらい若くみえます。「この仕事が好きなので、お店をもって頑張るつもり」と話してくれました。

さて、Mさんの営業モットーです。それは、Mさんが女性の色気でお客を呼ぼうとはしないということです。それがいわゆる「アメ」にしかならないからなのです。通うお客は、それに伴う期待感だけでは長くは続かないといいます。Mさんは色気だけでお客を長い期間キープし続けることは決してできないと断言します。

Mさんは、高級ブランドのセーターなどを誕生日プレゼントとして贈り、来店を促す、ということなどを営業戦略として行なっていますが、これは「ものをもらった義理でしぶしぶ」という来店ですから、リピートにはつながらないことを知っています。

ここで注目してほしいのは、前述の地獄の特訓と色気・プレゼント作戦は同じ結果しか得られていないということです。行動の動機となるものが、甘美なものか、恐怖かという違いはありますが、ほかからコントロールされるという点では同じなのです。つまりアメとムチはどちらも一時的には行動を強化しますが、お客や部下の自立を妨げ、効果が永続的ではないこと、とった行動に軽やかさがないことも同じです。結果的にお客も部下も「お得意さま」として定着しにくいのです。ですから、Mさんはプレゼントなどを補助的な戦略と位置づけます。

Mさんが、気をつけていることを話してくれました。

「プレゼントの意味づけがお客さまに明らかに伝わる、ということが大事なんです。誕生日やバレンタインデーじゃないのに、一体なんのためのプレゼントなんだ、と思わせてはいけないのです……そんなことを繰り返していると、お客さまがのびのびとできないですから」

Mさんのこの話は示唆にあふれています。プレゼントはときとして負担となり相手を精神的に拘束してしまいます。この点で、罰を与えたときと同じなのです。結果に対する上司の罰が頻繁すぎたり、厳しすぎたり、理由が明確に伝わっていなかったりすると、部下は「行動の結果、罰があるかもしれない、じゃあ何もしないほうがいいのか」という心理になります。罰もプレゼントも意味が伝わっていなければ、「望ましい行動」をも遠ざけてしまうということです。

お客が「Mさんに会いたい」と思って、自発的に行動するからこそ、お客のほうに楽しさが生まれるのです。それが「自分の答にしたがって行動する」ということです。それでこそ銀座を歩く足どりも軽くなる、というものです。

部下も「上司からの命令」より自分で設定した目標のほうが軽やかになれるのです。アメでもムチでもない認める言葉や傾聴などのコミュニケーションによって行動は促進され、その効果は持続します。

Mさんにとって、この一〇年間ずっとお得意さまだったひとはいますが、きわめて稀有《けう》な存在で、数人だそうです。夜の銀座における得意客の総数は限られているのですが、その限られたお客は新しいものを求めて銀座の中を循環していきます。ですから、ホステスさんは常に新規開拓していかなければなりません。流れているお客をつかみとってこなければならないのです。

そのために友人や取引先に連れてこられたお客を、定着させることができるかどうか、勝負は会話なのです。アメでもムチでもなく、会話が弾むかどうかだそうです。

ホステスさん「○○さんとは、どんなご関係ですか？」
お客「仕事でね、いろいろ世話になってるんだよ」
ホステスさん「どんな仕事で、どういうふうにお世話になっているんですか？」
お客「……」

こんな矢継ぎ早の質問では、お客は巡査の職務質問のような気がします。

お客「出身どこ？」
ホステスさん「横浜……」
お客「横浜か。俺、川崎」
ホステスさん「ふ～ん」
お客「……」

これではお客は空しくなります。でも、これらが管理職の周囲で行なわれている部下との会話です。「部下は、お客と違って逃げないからいいんだ」という答が返ってきそうです。本当にそうでしょうか。

▼答にたどり着くサポート

では、話をもどして「答にたどり着く**サポート**」という観点で詳しくみていきましょう。

ビジネスシーンでの会話が、これまで指示や命令による一方通行的なものが多かったとしたら、コーチングスキルを使うことによって、部下とやりとりする情報量は圧倒的に増えます。

そして、私たちはひとと話をしていると驚くようなことが起こるのを経験しています。「一人で考えているときには出てこなかったけど、二人で話したからここまでたどり着けたんだね」ということ。「アイデアを話しているうちに、すごいところまで発展しちゃった」ということ。「自分の心の中にこんな思いがあったのを発見した。自分でもびっくりした」などということです。

質問されてすぐに思いつく答は、あなたがいつも考えていることです。それは、頭の中できれいに整頓されていて、答のしまってある場所も知っていて、いつひとにしゃべってもよく伝わります。

しかし、もっと大切な答、本当の可能性は、あなたのどこにあるのかはわかりません。もしかして、深い記憶の奥底で眠っていて、なかなか出てこないかもしれませんし、ふとしたことがきっかけで引っ張り出されるかもしれないのです。それを探し出すのがコーチングです。

あなたにも、浅いところにある答を探っていくうちに、深いところにある答が、蔓《つる》でつながった芋のように、一気に出てきた経験や、昼間にたずねられた質問の答を、寝入りばなにふっと思いついたなどという経験があると思います。掘り出されたばかりの答は、すぐとり出せた答のように整頓されているとはかぎりません。むしろあなた自身も、話しながらその答の正体にやっと気づいていくのです。

眠っている答を引っ張り出す作業を行なう場合や、掘り出したばかりで目の前に雑然と散らかっている答の正体を見極め整理するとき、「他人の力を借りるより自分一人のほうが効率がいい」というひとは稀だと思います。

自分が自分に問う質問はいつも同じ視点で、「答」を同じ場所からとり出しています。「質問」と答が描く軌道もいつも同じです。悩んだり迷ったりしているときには、その軌道から外れたいので、ひとに聞いてほしいのだと思います。自分自身が何を考えているのかもっと知りたいので、誰かに話したいのです。

そんなとき、コーチから与えられた質問は、新たな軌道を描きます。それは一人で考え込んで回っていた軌道とはまったく違うものなのです。

このように、ひとの深いところに眠っている答にたどり着くためには、他者からのサポートが必要です。管理職が部下のコーチとなってサポートをするというのは、部下の中に眠っている答を、主に「質問」というツールを使って、ノックするということです。そして、ノックが響くドアはどこなのか、コーチングのさまざまなスキルを駆使して探り、呼び覚まして意識の表面まで引っ張り出す手助けをするのがコーチです。

相手にこちらの答を与えよう、「操作しよう」という意識で会話をすると、相手の答を「一緒に探ろう」という意識からは遠ざかります。つまりコーチングで部下を「サポート」しながら「指示や命令することを考える」というのは同時進行させるべきではありません。

また、「部下の個性を重視したい。部下独自のやり方を生み出してほしい」という期待を口にする管理職はよくいます。しかし、現状をみるとどの部下に対しても同じ方法で指示をし、自分と同レベルの結果を求めています。あなたができたからといって部下全員に同じ方法と結果を求めるのは独善です。部下が、管理職とキャパシティ（能力）やケーパビリティ（力量）が違うのは当然のことであり、部下は一人ひとり違う背景や環境をもっているのです。

コーチングを行なう場合も、答えやすい質問、話しやすい環境、聴いてほしいタイミングは、部下それぞれで違います。もてる能力を発揮する方法も順序も段どりも、ひとによって違うのです。コーチングによる管理職のサポートは、部下各々に合わせて行なうことが鉄則です。

先ほど紹介したMさんは、お客の酒の好み、接客の好みを知っています。そして、当然ながらお客の好みに合わせることになんの抵抗もありません。それが仕事だからです。

管理職は部下がどういうサポートを望んでいるか、知っているでしょうか。それ以前に、銘々に合わせたサポートが必要だという意識をもっているでしょうか。何度もいうように、顧客を扱うように部下を扱ってほしいのです。それは管理職の職務です。試してみてください。すると彼らは驚くほど多くのものをあなたにもたらすでしょう。

さて、朝、眠くてなかなか布団から出られないときのことを思い浮かべてください。まぶたが重い感じ、手足がだるい感じや、暖かい寝床から離れたくない感じ、まどろみの気持ちのよさなどに支配されています。まぶた、手足、寝床への未練、まどろみの誘惑――それぞれに個別の指令を出して寝床から起きるのは至難の業です。

そんなときにその日一日のスケジュールを思い描き、「朝一番で片づけなくてはならない仕事がある」と思い描いたとたん、個別の指令は必要なくなり、「朝一番の仕事」の視覚情報が全指令を統括し、容易に起床することができます。その仕事が楽しいプランであればあるほど、指令にも弾みがつき、私たちはバネ仕掛けの人形のように、寝床から起き上がることができるのです。

このように、イメージの中に視覚情報があると行動を起こしやすくなります。

私たちは、話しながら頭の中に映像をつくっていきます。その映像が具体的であればあるほど、行動への指令は強力なものとなります。つまり、モチベーションが上がるのです。ゴルフの日は早く目覚めても全身がいうことをよくきいてくれて苦労しなくとも起きられるのは、これから起こる楽しいことを描いている映像が細部にわたって具体的だからです。

先に示したように双方向の会話で得られる情報量は、一人のときとは比べものにならないほど豊かです。ですから、サポートしてくれるひとがいれば、頭の中の映像が広がりのある鮮明な視覚情報になりやすいのはいうまでもありません。

コーチは、**眠っている「答」を引っ張り出すことと、相手の中の視覚情報を豊かにして、とり出した「答」を自発的行動へと促すこと**という両面で相手の前進をサポートするのです。

▼コーチングに期待されること

今コーチングが注目されるのには、いくつかの背景があります。

企業は、売上のアップや生産コストの削減、顧客の拡大など、常に成果を求めて動いています。今までは、組織全体がこの成果に向かって、ブルドーザーのように猛進していたといえるのではないでしょうか。そのよりどころとなったのが、それまで会社を支えてきた幹部社員・管理職が蓄積したノウハウ、つまり長年にわたって培ってきた「組織としての答」だったのです。その結果、いくつかのケースに対応するマニュアル的戦略がその組織のバイブルとして幅をきかせてきました。

ところが、ビジネスサイクルが驚くほど短くなったことや、ユーザーのニーズが多様化したことで、これまでの「組織の答」が通用しなくなってきたことを企業は実感しています。

かつて管理職は「新しい事態に対処するときには自分のナレッジの引き出しをちょっと探れば、部下に『答』を与えられ、大体の問題に即応できる」と思っていましたが、現在は、日々訪れる変化があまりに劇的で、それほど甘くない現実を前に、危機感をもっているのです。

こういったビジネス環境に対応すべく、第一線の社員一人ひとりに、「依存」から「自立」への変革、自らの答をみつけ業務と調和させる変革、自分で考え、判断し、行動する変革が求められるようになりました。

▼コーチングは土壌づくり

あなたの農園に、いろいろな種類のおいしそうなフルーツが実っていると考えてください。フルーツの木、一本一本が社員です。赤く熟した実をたわわにつけている木もあれば、たくさんの実はなりそうだけれどいまだ青いものもあります。実の数が明らかに少ない木もあります。

今までの経営と人材育成は、すべてのフルーツの木に同じ光、同じ温度、同じ肥料を与えて、同じ成果を期待していた。つまり同じ時期に赤くたわわになるフルーツの実をどの木にも求めたのです。社員は、上から与えられる答にしたがって、同じ成果に向かって、同じように働いてきました。

先に述べた売上アップ、コスト削減、顧客拡大などの組織が求めるいろいろな成果がフルーツの実だとしたら、その成果をつくるためにまず土壌づくりを考えましょう、というのがコーチングなのです。

つまり、「どのフルーツの木も環境さえ整えれば、同じようにたわわに実をつける可能性をもっている。現在なっている実ばかりをみて、成果があがらなければ対症療法的に別の肥料を与えたり、ときには実のならない木を間引いてしまったりではなく、その前に土壌をつくって、一本一本の可能性を引き出しましょう」ということです。

ですから、コーチングは果実という成果をつくるのに即効性のあるスキルではありません。むしろ、果実がなるのを根の部分から支える効果がある、と考えてほしいスキルです。

コーチングによって土壌づくりをすると、どんな効果が得られるでしょう。上司によってサポートされた部下というフルーツの木は、自分で考えるという力を身につけます。これまでの画一的な対処法では乗り切れない現実を前に、社員たちは「与えられた答」ではなく「自分の答」によって強風や温度の急激な変化、日照りに対応できる能力を身につけていくのです。そして、自分に合った土壌で根を張った部下の意識は、依存から自立へと変わっていきます。

現在のビジネスシーンは、どんな風が吹くのか、どんな苛酷な環境が訪れるのかわかりません。企業は、「自分で考え、判断できる社員が欲しい」といいながら、これまで、考え判断できる環境を与えていなかったのが現実です。

例えば、「社員が目標管理のペーパーを提出するシステム」をつくり、社員が自らの年間目標を掲げ、自立することを期待したけれど、「ペーパー提出のための目標管理」となっているのが現実です。現状の「形骸化した目標管理制度」が「システムだけをつくって、ひとをつくらない」結果の典型的な例です。

目標を構築し達成するために、「アメ」でも「ムチ」でもないサポートをできるひとがいて、初めてそのシステムに命が吹き込まれるのです。目標管理制度で社員の自立、エンパワーを促したかったら、それを支える管理職にそれを遂行するためのツールを与えなければなりません。「ひとをつくっていく」とは、今後予想される苛酷な環境への対応力を育てていくことなのです。このとき管理職にとってもっとも効果的な武器となるのがコーチングであるのはいうまでもありません。

私がコーチとなった当時は考えられなかったほどコーチングがメジャーになった現在でも、「コーチングは部下を操作するためのツールだ」と考えているひとがいます。部下が結果を出してくれれば上司の業績になるのだから、操作以外の何ものでもない、という論理です。

仕事人にとって、プロフェッショナルとしての自分の能力を開拓してくれる上司とともに仕事ができ、その成果も上司と分かち合えたなら、仕事はかけがえのないものとなり、上司との関係も仕事以上にかけがえのないものとなるのではないでしょうか。自分をよく知ってくれているひとが自分の長期的な「成長」を支えてくれたなら、つまり、土壌づくりをして可能性を引き出してくれたなら、それを「操作」だと思う部下がいるでしょうか。

コーチングによる部下と上司の関係は、仕事というものが介在しているからこそ生まれる「素晴らしい儲け」です。それは形をもたないし、いつも動き変化しているものではあるけれど、まぎれもない「仕事が与えてくれる金銭以上の儲け」なのです。

▼消費者は自立している

コーチングが注目されるもう一つの背景として、消費者や利用者のニーズの変化があります。これまでもてはやされていたものが売れなくなっている一方、消費者のニーズをとらえた商品は「一人勝ち」といわれ、行列ができたり、待ち時間を求められたりするほど売れています。

これは、消費者の自立傾向が強くなったことが原因といえます。ものをつくって売る、開発して売る、という流通の仕組みの中で、その自立した消費者の「答」をキャッチできた企業が「勝ち組」に名を連ねているのです。

つまり、消費者が生産者の売りたいものに乗せられることはなくなり、「私が買いたいものは、私が知っている。私が決める」という購買スタイルを確立しています。ですから企業にとって、今「私が買いたいもの」、つまり消費者の「答」を引き出せるかどうかが、生き残れるかどうかの分かれ目なのです。

ここでも組織の今までのスタイルでは通用しなくなりました。消費者と直接接していなければ、管理職は「何が売れるか」の「答」からは遠い存在です。何が売れるかを知っているのは販売の現場で直接消費者と接している部下なのです。管理職の役割は、「答を与えること」から「部下から答を引き出すこと」に移っていかざるをえません。

ここで管理職は、「第一線でのプレーヤーとしての仕事の能力」と「ひとを育成する能力」は、イコールではないということをはっきりと認識すべきです。ひとを育成するなら「自分が業績トップでなければならない」という無意識の思い込みが、管理職を追いつめていき、コミュニケーションを窮屈なものにしてしまうのです。

▼企業はEQの高い人材を求めている

さて、こういったビジネス環境の中、「日常的にやる気を出せて、挫折しても自分を励ましてしぶとくがんばるし、衝動をコントロールして、快楽に操られない。自分の気分を整え、感情が乱れても、考える力を阻害されない。周囲のひとに共感できて、希望を維持できる」という人材が求められています。このような能力をEQという言葉で表す考え方があります。

EQとは、アメリカの心理学者でジャーナリストのダニエル・ゴールマンがその著書『EQ～こころの知能指数』に示したもので、エモーショナル・インテリジェンス（心の知能指数）のことです。

IQが知能指数であるのに対し、EQは、喜び・怒り・悲しみを含んだ情緒的・精神的な機能全体を示します。EQのポイントは、「自分の本当の気持ちを自覚して尊重し、決断する能力」「感情を制御する能力」「自分自身を励ます能力」「他人の気持ちを感じとる能力」「集団の中で調和し、協調し合う社会的能力」です。つまり、EQはセルフコントロールとリレーションシップの能力と言い換えることができます。

　ＥＱはＩＱとは違って、後天的に変えられるものであるといわれています。そして、このＥＱを高めるためには、どういうコミュニケーションをとるか、リレーションシップをどう活かすかということが大きくかかわってきます。現在、ビジネスにおいて求められる能力は、ＩＱは二割、ＥＱが八割という比率であるといわれています。つまりコーチングスキルを磨けば、それはＥＱの向上にもつながるのです。

　行きすぎた成果主義はグループダイナミクスを阻んだという一面をもち、疑問の声があがっています。そんな中、ＥＱの高い人材がコーチングを行なうことによって、今、多くの企業が求める「自立と協調」の組織づくり、世代や職種を超えたチームワークという人間関係の構築、あるいは「顧客満足」などに関する成果を期待することができます。

　コーチングという概念が日本にもち込まれたのはここ数年ですが、実はその考え方はずっと昔からあったのだと思います。

　子どもの人生に口出しせずに自立を見守る親はいました。子どもに無関心だったわけではなく、「自分で出した答でしかひとは動けない。命令されてはますます動けなくなる。そして、子ども自身が答をもっている」と体験的に知っていたのでしょう。

ひとの悩みを聞いてもアドバイスをしないひとがいました。アドバイスや説教よりも聴くことのほうがいい結果をもたらすということを知っていたのでしょう。

ビジネスシーンでも、コーチングとはいわないけれど部下を育てるのが上手いひとはいたし、部下が自分で考え、行動することをサポートして人材を育成してきたひとはいました。EQが高かったのです。

それをスキルとして確立したのがコーチングです。スキルというと口先だけのテクニックのようですが、コーチングはそうではありません。むしろ、ひとの心を大切に考え、その自然な向上心に即した手法であるといえます。

取材中、Mさんの同僚ホステスさんから「コーチングなんてややこしいことをしなくても、愛があれば人間関係は上手くいく」という意見をもらいました。愛があれば、本当に人間関係は上手くいくのでしょうか。愛があってもエゴだけが伝わってしまう場合があります。愛は常にエゴにまさっているかと訊かれると、私も自信がありません。

愛があっても齟齬《そご》が生まれ、愛があってもコミュニケーションは迷います。それほど人間関係は複雑で難解で、私たちを悩ませ、苦しめるのです。人間のあり方に則って、愛を効果的に伝える手段があるとしたら、私はそれがコーチングなのだと思います。

2 *Coaching*

部下を伸ばすコーチング

▼コーチングが機能するメカニズム

ここではコーチングのメカニズムとコーチングによって得られる成果について紹介します。

「コーチングとは相手の優れた能力を引き出し、前進をサポートし、自発的に行動することを促すコミュニケーションスキル」であることを、「コーチングとは何か」（24ページ参照）で述べましたが、それには**「その答は、そのひとの中にある」**ということが前提となります。答をもっていると信じているからこそ、「前進」をサポートでき、自発的な行動を促すことができるのです。

▼部下の「答」はどこにある？

まず、「答」についてみていきましょう。答はどこにあるのでしょうか。ここでもっとも重要なのは、答が潜在しているということです。すべての答が必ずしも隠れているとはかぎりません。しかし、コーチングの大きな目的の一つは、潜在している能力を引き出すということにあります。

ある会社の経営者に、アポをとるために電話をしたときのことです。ちょうど部下と話をしていたらしく、「ちょっと待ってください」と私に告げ、電話の向こうで話を続けました。「その件について、よく考えてから報告しろ！」と部下に強く命令している声が聞こえます。話を終えたあと、「今のコたちは自分で考えないんだよね」と私にいいました。

とっさに「社長が、考えさせていないのです」といいそうになって、言葉を飲み込みました。ひとは「考えろ」と命令されても考えません。考えさせたかったら、「質問する」ことが有効なのです。そして、先に述べた潜在能力は、質問され、その答を探すことによって引き出されます。

答を引き出し、前進をサポートするひと（つまりコーチ）が必要な理由は、質問によって相手の意識を潜在能力に向かわせるためなのです。自分の潜在能力のどこにしまってあるかもわからない答を、どのルートで探していけばいいのかは、誰にもわかりません。そして、自分一人では、自分の意識の深いところを探ることはできません。コーチの質問に答えていくうちに、それがきっかけとなって答に行きつくのです。

「私は平凡でなんの才能もない」といって、「張り合いのある生き生きとした生活」をあきらめているひとに出会うことがあります。「才能」とはなんでしょう。潜在能力に働きかける術《すべ》を知り、常に自分の中から答をみつけ続けようとする生き方を才能と呼ぶのではないかと私は思います。コーチは、あなたの潜在意識の中にある「宝（答）」を一緒に探し、才能と調和する生き方を提案する「宝探しナビゲーター」なのです。

▼目標を宣言することで得られること

コーチングでは、大きくても小さくても今の「達成目標」をコーチに宣言します。私たちは、何か目的があって行動していますが、いつもそれらを外に発信しているとはかぎりません。人生の大きな目標であればなおさら、ひと知れずひっそりと始めることは多いでしょう。

そこに潜んでいる心理は「失敗する恐れ」です。ひとに宣言して、挫折したり失敗したりしたら恥ずかしい、怖い、カッコ悪いと思うのです。誰にも宣言せずに成功への歩みを一人で進めるひとは、常にその恐れと向きあって、孤独に進んでいくことになります。その時点でスタートはマイナスといわざるをえません。

このように、思考を行動への恐れに向けていれば、意識はそことつき合い、逆に成功する可能性と深く関連づければ、意識はそことつき合います。

コーチに成功した姿、達成目標を宣言すると、あなたに何が起こるでしょう。

成功を宣言しても、成功が手に入るという確約にはならないし、失敗をしないという保証にもなりません。しかし、成功を言語化すると、意識は成功することと深くつき合いはじめます。つまり、あなたの中に成功への方法論、チャンスをキャッチするアンテナが立ち、勘が研ぎすまされるのです。あなたは成功のための機会に敏感になります。

コーチングでは、「宣言してしまって、もし成し遂げられなかったら恥ずかしい」などと怖がることをしません。宣言して、チャンスを広げるほうを選ぶのです。

とはいえ、心配は相変わらずありますし、目標とする成功が大きいほど、失敗の可能性も高く感じられてしまい、不安は比例して大きくなります。しかし、大きいリスクを乗り越えるからこそ、それは成功なのであり、「心配もリスクもなし」の行動を乗り越えても、私たちはそれを成功とは呼びません。リスクがなく成功するという発想そのものに整合性がないのです。

宣言することによって得られた私の体験をご紹介します。

友人と一緒に、結婚式場としても格式あるCホテルに行ったときのことです。パーティー会場として利用したいと思い、担当者にたずねると、Cホテルのパーティーには規格が数パターンありました。担当者は、私たちがどういうニーズをもっているか、というリサーチもしないまま、規格品の説明に入ったのです。こんな供給者本位の商品では、今どきのお客は納得できないのではないか、お客との間でコミュニケーションをもち、ヒアリングをしながらニーズを引き出せば、お客は望みが一〇〇%叶わなくとも、今より満足度は上がるし、売上も上がるにちがいない、と私は直感的に思いました。そこでその場で、友人に「ここのスタッフにコーチングスキルのトレーニングをしたら、セールスの質が上がりますよ」といったのですが、「ここは伝統ある老舗《しにせ》だから」と言下に否定されました。

　でも私は、自分のコーチとの次のセッションで「Cホテルにコーチングトレーニング導入の営業をします」と宣言しました（私にもプライベートコーチがいます）。

　数日後、あるパーティーで隣のひとが交換している名刺が目にとまりました。Cホテルのロゴが入っていたのです。そのひとはCホテルの取締役で、私は自己紹介をし、翌週に会う約束をとりつけました。Cホテルでは、その数か月後には私の会社のトレーニングを管理職が受けることになり、成果をあげています。

　もしあのときコーチに宣言していなければ、私は恐れと深くつき合い、成功のチャンスをキャッチするアンテナを立ててはいなかったでしょう。宣言したことで、その時点で勘が研ぎすまされたという実感を私はもっています。

　そして、行動してみてわかることがあります。それは、初めに恐れていたのは、実は失敗する恐れではなかったということです。私たちは、やっとみつけだした行動に、もし力を尽くせなかったらどうしよう、という恐れをもっているのです。失敗することよりも力を尽くせないことをこそ、私たちは恐れているのです。

▼活気ある組織は温かな人間関係から

コーチングが機能するメカニズムに続いて、コーチング導入によって得られる初めの段階での成果について考えてみましょう。主に三つあります。

一つは、上司から部下へ、質問を中心としたインタラクティブ（双方向）な会話が生まれることによって、風通しがよくなるということです。

コーチングスキル研修に参加した管理職の部下へのインタビューで、「上司がコーチングをしてくれることによって、一つ一つの仕事に対する意識のレベルが上がった。つまり、この業務は、なんのためにどういう目的で行なうのかが常に明確だ」という感想もよく聞かれます。

次に、命令ではなく、自分の選択で行動しますから、楽しさが生まれます。命令から生まれるものは、緊張感や萎縮です。

三つめとして、信じることから始めることで、上司と部下の間の空気が温まります。その結果として、一人ひとりにやる気が出て、組織そのものにも活気が生まれます。

これに関しても、「叱られてばかりいた自分だが、上司がコーチとなり、質問し、答を待ってくれるようになった。嫌われていると感じていたのは思い込みだとわかった」という感想があります。

役割の言葉を入れ替えれば、親子でも師弟でも営業マンと顧客の関係でも同じです。コミュニケーションが循環型になれば、顧客のニーズをキャッチすることにも役立ちます。

これらは初期の成果ですが、組織内でもっとコーチングが機能すれば、「得られる情報量が増える」とか「部下が自分で考え自発的に行動する」、つまり自立した仕事人になるという成果が得られます。

そして、管理職が「部下が潜在能力を探りあて、自己実現することをサポートできる」というのが、コーチングのもっとも大きな成果です。ひいては「組織が強くなる」ということはいうまでもありません。

▼コーチングによるサポートと指示・命令の違い

コーチングは「部下が自分で答を出し、自ら前進することをサポートする」ことです。指示・命令とは、あなたが答を出し、その答のとおりに部下（顧客）に行動させること、つまり操作することです。指示・命令にあるものは、「相手は無力（力が足りない）」という考え方であり、支配・従属的な関係がベースです。それに比べて、サポートとはもともと相手にある能力を存分に活かしながら、一人では不可能な部分を支えるということです。

あなたは、部下に対して指示・命令とサポートのどちらが多いですか？

コーチングによるサポートは、上司の側に「部下の成長を願う気持ち、そして部下が答をもっていると信じる気持ち」があって初めて行なうことができます。一方、指示・命令は、「私が指示を与えなければ部下は動かない」という心理が源にあります。

したがってサポートを受けるほうは、質問型の会話によって創造的に成長し、指示・命令されるほうは依存的になります。

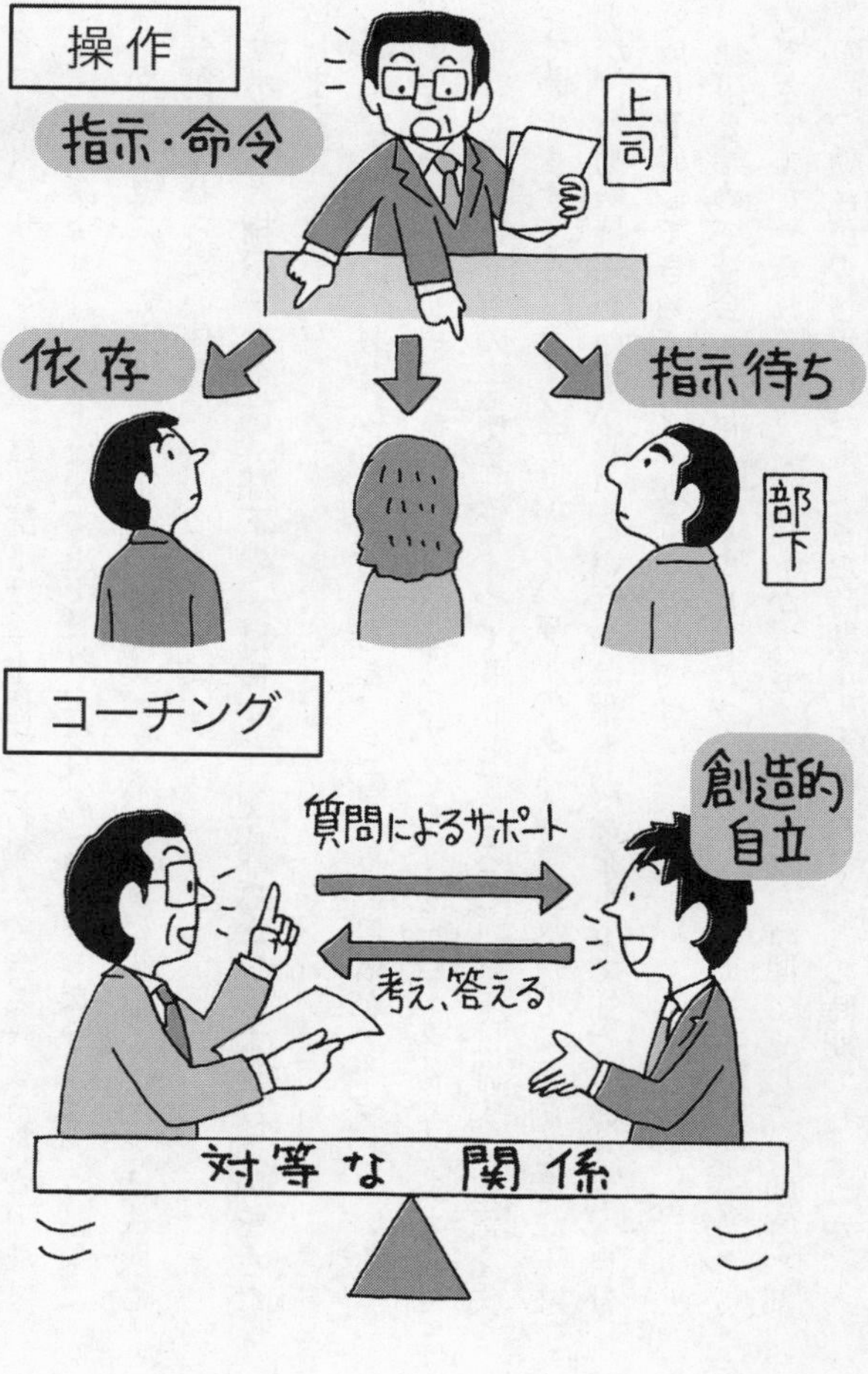
操作
指示・命令
上司
依存
指示待ち
部下
コーチング
創造的自立
質問によるサポート
考え、答える
対等な関係

その結果、サポートを受ける部下は「主体的に行動ができる」ようになりますが、指示・命令される部下は、「指示された以外のことをしない」という結果になりかねません。これでは、何かを成し遂げても、喜びは少なく、たとえ失敗しても責任をとらない体質になってしまいます。

サポートと指示・命令は、部下の「自信」という観点からも大きな違いをもたらします。

あなたの部下は、あなたと話をしたあと、どのくらい自信がアップしているでしょう。ひょっとしてプラスではなくマイナスということもあるかもしれません。いつも一方通行の「命令」によって強制していると、部下は確実に自信を失っていきます。「ナニクソ」というパワーのあるときは反抗心で行動を起こしますが、行動の持続がむずかしいというのは誰もが身をもって知っています。自分の成長を確認できるチャンスがないからです。

仕事を始めて社会人としてのスキルアップにいそしんだ時期、少し要領がつかめてきてまかせられるプロジェクトが大きくなってきた時期、そして、顧客や部下の心の動きが少しずつみえてきた時期——あなたは今どの時期でしょうか。

私たちが、必要な知識や新しいスキルを日々備えているのは、次の時期へステップアップするための準備にほかなりません。この知識やスキルを習得すること、そして今まで困難であったものが独力でできるようになることこそが、私たちを楽しくさせる「しごと」の魅力ではないでしょうか。「未熟だった自分が成長していく、できないことができるようになっていく、みえなかったものがみえてくる」楽しさ、喜びは、「しごと」というものを支える幹であるといえるでしょう。

管理職は、部下の「幹」を支えてあげてほしいのです。管理職の仕事は、「自分の業務に部下を利用する」ことではありません。勇気をもって自分より有能な人材を育成していくことなのです。

「あなた自身を優れたひととみせること」と、「部下に仕事の喜びを知ってもらうこと」のどちらにあなたはコミット（熱意をもって取り組む）しますか？　前者にコミットすれば、どちらも得られない可能性があります。後者にコミットすれば、きっとどちらも得られるでしょう。

▼与える人になる

コミュニケーションを「相手に何かを与えること」と捉えたことがあるでしょうか。与えるといっても形があるものではありません。明るい気分、嬉しい気持ち、やる気、勇気のような手に取れない、もらった人も明確な自覚がないものこそ、コミュニケーションで与えられる大きな要素なのだと思います。

考えてみてください。会えると思うとワクワクする人と、気が重くなる人がいます。その違いはどこにあるのでしょうか。

会いたい人は、心にエネルギーを与えてくれる人。気が重い人は、エネルギーを奪う人ではないでしょうか。

コミュニケーションで相手の心のネルギーを上げる方法はいくつもあります。

銀座のMさんは、まず、私の話をちゃんと聴いてくれます。

しかも、笑って聴いてくれるのです。その笑いは、冗談を言って腹を抱えるような笑いではありません。私の話を楽しんでくれている笑いなのです。それだけで、私は彼女の心に自分の言葉と感情が届いていると感じるし、私自身の存在が認められたと安心します。笑ってくれると話している私自身も嬉しいから、エネルギーが上がるのです。

「嬉しい」という気分にさせてくれる人との時間は、その場を一緒にすごしていると実感し、充実感がもてます。まさに与えられるのです。

Mさんのつくる笑いの空気は、「気配り」のような言葉とは少し違います。ともすれば私たちは、自分だけを軸として会話をしてしまいますが、Mさんは**相手にいい気分を与える「相手軸」**という発想をもって会話しているのです。「自分軸」はいわばエゴから生まれたもの、**「相手軸」**は愛から生まれたものといえるでしょう。

人間関係やコミュニケーションもまた、軸を相手にして考えられれば、結果として得られるものが大きく、合理的であるということを私たちは知っています。しかし、それを頭だけで理解していて、Mさんのようには実行できないものなのかもしれません。私も、これまでコミュニケーションに関する幾多のアドバイスや名言を聞いて「なるほど」と思いながら、なかなか実践できないのです。

私たちは、人間関係において「自分ひとりのためだけ」のやりかたを選ぶこともできるし、コミュニケーションの相手に軸をもっていくことを選ぶこともできます。後者は結果として自分自身も得るものが大きいということは、実践して初めて理解できることなのでしょう。

私たちは、「誰も分かってくれる人がいなくても、きっとあの人なら分かってくれる」とか「あの人は私を気に掛けてくれる」という人がいるだけで、満足できます。そして、そういう人の傍《そば》にいたいと願います。「相手軸」をもち、与えるコミュニケーションによって、そういう人になれるのです。

ビジネスシーンでは、あなたは「あの人に話を聞いてもらいたい」「あの人にいい影響を与えられた」という上司でしょうか？

コーチングの効果を的確に分かってもらえる表現は、「相手に与える人になれる」ということなのでしょう。

3 Coaching

聴くことと受け入れること

▼私たちは聴いていない

コーチングスキルにはさまざまなものがありますが、私はよく「コーチングは、質問して、聴いて、受け入れるだけ。ただそれだけ」といいます。極端ですが、この三つのスキルをもっていれば、コーチングのストラクチャー（話を進める手順）を間違えたり、質問のスキルのバリエーションが少なくとも、コーチングはある程度機能するといえるでしょう。

さて、自分は人づき合いが苦手、コミュニケーションが苦手というひとには、「コミュニケーションは話すこと」と誤解しているひとが多いのです。コミュニケーションは話すことよりも、むしろ「聴くこと」「受け入れること」のほうが重要である場合が数多くあります。

トレーニングの参加者で「話し下手で、いつも気の利いたことをいえない」といっていたひとが、トレーニングを終え、自分のコミュニケーションの現状をみつめると、「実は自分はひとの話をよく聴いていなかった」ということに気づくことがあります。「話し下手」は、実は「聞き下手」だったのです。

「聴く」ということを考えてみます。

トレーニングでリレーコーチングのエクササイズをしたときです。二八歳の女性、Tさんがコーチを受ける役となり、他の参加者がランダムに質問をして、リレーでコーチングをしていきます。

Tさんは、大手外食産業の人事部で、ホール従業員を対象とした研修の仕事をしています。入社当初はレストラン内で働いていましたが、彼女の希望で、今の部署に配属になりました。「研修の対象であるレストランの若い従業員が、上司である店長たちに不満をもっている」という状況で、「自分よりも年上の店長たちに遠慮があり、それを伝えられない」「若い従業員たちの不満をなくすために、何をどう改善していったらいいのかわからない」というのが悩みでした。

リレーコーチングの場面での参加者の発言には、こういうものがありました。

「あなたの上司から店長に話してもらうことはできないのですか？」

「率直に伝えるのは誰でも勇気がいることですけれど、それをしなければあなたの任務を果たせないのではないですか？」

「私にも同じような経験がありますが、そのときは放っておくとなんとかなりました。もう少し様子をみてはいかがですか？」

「女性が多い職場は、人間関係が上手くいかないと辛いですよね。異動を願ったらどうですか？」

というものです。あなたは、どう感じますか？

いずれも、質問のかたちをとっていますが、実は質問ではありません。四つともTさんの答を期待していませんから、いっているのは「意見」なのです。コーチングは意見を押しつけることではありませんし、相手を追いつめて行動を強制することでもないのです。ですから、これらの発言はコーチングとしては機能していません。

では、彼らはなぜ、コーチングできないのでしょう。

「上司から店長に話してもらっては」と「店長に話すのが、あなたの任務」といった前者の二人は、男性です。「私にも同じような経験がある」「女性が多い職場は人間関係が上手くいかないと辛い」といった後者二人は女性です。

コーチングにならない原因の一つとして、「問題解決に自分ものめり込んでしまう」という傾向があげられます。最善の解決方法を自分がみつけてあげること、すなわち「快刀乱麻《かいとうらんま》を断ち、有能さをアピールすること」がコミュニケーションの目的になりがちなのです。こういう傾向の強いひとは、相手の弱点の指摘・指示・命令に走りやすいといえます。これは、管理職は有能であるべきと信じている人に強くみられる傾向です。

過去に起こった自分の似たような経験を引っ張り出して、それにくっつけて話すことを好む傾向の人もいます。似た経験はただ「似た経験」であり、近くにはあるけれど、もち出された相手にとっては役に立たないことが多いのです。ところが相手との共通点に気づくと即座に手放せないひとが多く、コーチングを阻む原因になります。

いずれにしても、この四人の発言は「答は相手の中にある」というコーチングの大原則を横に置いてしまっている悪い例といえます。

さて、私たちは自分の頭の中にある「ふるい」を通してひとの話を聞いています。「ふるい」とは粉をサラサラにして固まりを排除するザルのようなものです。あなたの家のキッチンにあるかどうかはわかりませんが、あなたの頭の中には必ずあります。あなたはどんな「ふるい」を通して他人の話を聞いていますか？

話の内容、聞き手の癖、性格によって個性的な「ふるい」が登場します。例えばこんな「ふるい」があります。「この話で正しいのは何？　誰？」「私の意見は……だ！」「結論は何？」「私にとって、損？　得？」「この話の中で私にとって必要な情報は何？」「このひとの思惑は何？」「私が知りたいことは……」などです。

先に述べた四人の特徴である「問題解決と有能さのアピール」「私との共通点探し」も「ふるい」なのです。

私たちの中には、これらのさまざまな「ふるい」を通して選りすぐられた情報だけが残っていきます。これは、人間の心のメカニズムですから、放っておくと否応なしに「ふるい」が登場します。この「ふるい」と戦って、頭に浮かんだ自分の思いをすぐに手放し、相手の話を一〇〇%理解しようと思って聞くことが、コーチングにおける「本当に聴くこと」といえます。

放っておくと作動するメカニズムと戦うのですから、聴くことが話すことより「エネルギーのいる作業である」といわれる理由がわかると思います。

「気がつくと相手の話をとってしゃべってしまっている」「何を話したいのかみえない相手の話を聞くとイライラする」「内心、勝とうとしながら会話していることがある」などということがよくあるひとは、常に「ふるい」が登場し、「ふるい」に支配され、「本当に聴く」ことを阻んでいます。部下の話を「本当に聴く」ということがおろそかになっている可能性がありますから、気をつけたほうがいいでしょう。

相手の一〇〇%の味方になるのがコーチである、といわれていますが、それは、一〇〇%そのひととともに存在するということです。「ふるい」が登場すると「ともに存在する」どころか、気づかずに対立を生んでいることがあります。

ここで「一〇〇%ともに存在する」とは、「相手の物語を理解する」ことであり、共感することです。巻き込まれることではありません。つまり、どんなに悲しい話でも「一緒に泣いてあげる」ことではないのです。

あなたは自分の中にどんな「ふるい」があるか気がつきましたか。「ふるい」が登場するとき、あなたの頭の中には「あなたの心の声」が聞こえます。そのボリュームを落としてみることにチャレンジしてください。そこから、「本当に聴く」という作業に入ることができます。

▼同じものを同じ立場から眺める

次に、コーチングで相手の話を聴くときのポイントをみていきましょう。

前述の外食産業の研修担当、Tさんの話を聴いていくときに重要なのは、彼女の感覚・感情・行動、つまりそのひと自身にフォーカスして話を聴くことです。

そこには、「このひとは店長たちに信頼されていないんじゃないか」という聞く側の勝手な推理や「いちいち今の若いひとのわがままにつき合っていられないわよ」などという聞く側の意見、つまりコーチの「ふるい」が入り込む隙《すき》はありません。

また、「コーチの興味から」なんでも質問していくのもおすすめではありません。その結果は、相手にとっては必要のない「情報の山」を築いていくことになります。

Tさんの話の本質は何か、コーチにイメージがわくまで「聴く」という作業を続けます。先走って結論をいったり、ちょっとあら探しをしてみたり、自分の判断が入り込んだりすることなく「一〇〇%聴く」という意識をもって聴くのです。まずTさんが話したいことを聴くのです。

コーチングにおける「聴くこと」はコーチの内側の仕事です。それは、聴くことに徹するという強固な意志なしにはできません。「君の話はよくわからない」などと、自分が聴いていないことの言い訳を相手のせいにする、ということでは駄目なのです。

一〇〇%聴こうとすると、相手が話す場面に自分の存在がオーバーラップしたような感じがするときがきます。これは過去の自分の経験との共通点がみつかり、「共感を感じる」ということではありません。私の場合は、クライアントが話している場面が具体的に浮かび、そこに自分が吸い込まれるような感じで重なります。相手と同じところに立って相手と同じものを眺める、という感じです。

それから次の質問や会話に移行するのです。

Tさんの場合、「若いひとの意見も聞きながら、年上のひととのかかわりを考えているうちに、どういう位置づけにご自分がいるのかみえなくなっているのですね」と話を要約して訊いてみると、Tさん自身の意識が自分の内面へと向かい、機能すると思います。

これは、**「鏡になる」**という、コーチが用いるスキルです。ひとは自分がみえなくなっています。Tさんも周囲の店長や若いひとはみえるのですが、自分がみえなくなっているのです。話をよく聴いて、コーチがみえた感じを「相手を主人公にして言い換えてあげる」のです。たとえていうと「コーチが、全身がみえる鏡の役割になる」ととらえてください。ここで、自分自身がみえたTさんは、周囲の状況ばかりに向いていた意識がUターンして、自分自身にもどります。

また私たちは、自分が気づかないところで、同じ言葉を何度も使っていることがあります。こだわっていることや、心に引っかかっていることを無意識のうちに強調しているのです。コーチは「何度か、〇〇という言葉を繰り返しましたが、そこに何かありますか？」と、意識をそこに向けてあげることもします。これも「鏡になる」というスキルです。意識が自分に向けば、ひとはいろいろなことに気づき、自ら解決策に向かいます。

Tさんの場合、次に質問をするとしたら「店長さんたちと、どういうコミュニケーションをとれるのが、あなたにとって一番望ましいですか？」という質問も機能します。私たちは周囲の状況に振り回されがちですから、まず自分が本当に望む状態や理想に気づかせてあげるのです。ここでもTさん自身にフォーカスするということは同じです。

コーチングにおいて、コーチは原因や背景をよく知ろうとするあまり、いろいろ質問してしまい、その結果、話が広がりすぎて的を絞れないことがよくあります。情報収集にこだわるとわかりにくくなるのがコーチングです。それよりも「相手に自分自身をみせてあげる」ことに取り組んでほしいものです。つまり、相手のなりたい姿や微細な意識に焦点を当ててほしいのです。

▼コミュニケーションを完結させる

「コーチングカンバセーション」は、質問をして、相手の答を聴くという繰り返しで行ないますが、ここでは「コミュニケーションを完結させる」ということが大切です。

「コミュニケーションを完結させる」とは、「相手が発信した情報をコーチが受け入れ、受け入れたというサインを発信する」ことをワンサイクルとして完結させるということです。

よく喫茶店などで数人がおしゃべりしているテーブルからこんな会話が聞かれます。

「昨日のゴルフコンペで小川部長ホールインワンだったよ」「ゴルフは金がかかるよなあ」「うちの会社で一番ゴルフが上手いのは誰だ？」「そういえば、駅の近くの打ちっ放し、昼間に行くと、女性客が多いよ」「みんな知らないかもしれないけど、俺、学生時代はゴルフ部だったんだよ」……。

全員が「ゴルフ」というつながりで話をしていますが、全員が発信者になり、受け入れるひとがないまま発信側の情報だけが延々と飛び交っています。このようなコミュニケーションはサイクルが完結していないということなのです。

コーチと相手の会話は、質問と情報が鎖のように絡み合ってつながっているようにみえますが、実はそれでは機能しません。

コーチングでは、コーチはこの「完結」を意識して行なう必要があります。このワンサイクルは、**「話を受け入れた」というサイン**で終了します。コーチングでは、「聴く」ということと「受け入れる」ということはセットなのです。

では、受け入れたというサインにはどういうものがあるでしょう。前述の「鏡になる」ということも相手が「受け入れられた」と感じるサインの一つですし、私は「その話は私によく伝わります」と率直ないい方でクライアントに伝えることがあります。また、コーチがとらえた内容を「私にはこういうふうに聞こえた」とか、あるいは、「要約すると……ということですか?」と確認するのも、「聴いて、受け入れましたよ」というサインになります。

もう少し「受け入れた」というサインについてみてみましょう。

「ちょっと、山田くん、昨日頼んだあの資料できあがった?」「実は、ちょっと手違いがありまして……」「君の手違いはこれで何度目かな」「部長、そうおっしゃらないでくださいよぉ。実は……」「言い訳考えるより、資料が先だよ」などという会話は、どこの会社でもありそうです。仕事仲間だからこそ通じるスピード感と共有感のある会話は心地よいものです。しかし、コーチングにおいては、このテンポがじゃまになることがあるのです。

私も先日そういう会話をしてしまいました。息子が、「僕ね、プラモデルクラブに入ったよ！」と意気揚々と学校から帰ってきました。聞いたとたん、私の中ではいろいろな思いが駆けめぐり、会話を二つくらい飛び越して、いきなり「自分のお小遣いの範囲でやってね！」といったのです。

この会話の問題点は、私が「受け入れました」というサインを出していないことです。これでは、息子は母親に理解してもらったという安心がないまま、「誰がクラブの必要経費を負担するか」という重い思考に突入しなければなりません。

コーチングではこんなときには、**「復唱」**のスキルもよく用います。「僕ね、プラモデルクラブに入ったよ」「ふ〜ん、プラモデルクラブか」。これで、コミュニケーションは一回完結するのです。そして、新しいサイクルとして、「ところで、材料費はどうするつもり？」と続ければいいのです。

前述の部長がもしコーチングを試みるなら、「実はちょっと手違いがありまして……」「君の手違いはこれで何度目かな」では、部下の前進にはなりません。「そうか、手違いがあったのか」と「復唱」すれば、相手は受け入れられたと感じ、「そうなんです。昨夜、帰りの電車でコロッと眠りこけてしまいまして、参考図書を網棚に忘れてしまったんです」と理由を話そうという気にもなるのです。復唱されることで意識が自分自身にUターンするのです。

「何を言おうか」と発信だけに意識が向いている、日常の速い会話のテンポではコーチングにはなりません。受け入れたサインを出し、コミュニケーションのワンサイクルを完結させることが重要なポイントとなります。

また、**「相手の話をさえぎらない」**ということはいうまでもないことです。「先回りして結論をいう」などということは「受け入れていない」サインになります。

この「受け入れました」というサインは、同意の印ではありません。サインが生むものは「安心」です。安心によってコーチングの相手は、このひとに話していいんだというコミュニケーションのスタート地点に立てるのです。そして潜在能力から答を引っぱり出す出入り口を広くします。そこから積もり積もった話をやっと始められるというものです。

理容・美容店を数店舗経営している四〇歳の男性、Hさんは、エステティックサロンの経営も始め、ここ数年で一〇店舗以上、一〇〇人以上のスタッフを抱えるビジネスに成長させました。サロンの支店長は美容院の生え抜きのスタッフで、エステティシャンは子育てを終えた世代の主婦を中心に採用していました。ところが、支店長とエステティシャンとの折り合いが悪く、やっと育ったエステティシャンが辞めていくのです。問題は人間関係だ、といってHさんは頭を抱えていました。

ちなみに私たちはよく「対人関係」という言葉を使いますが、私たちが対人関係・人間関係の問題と思っているものは、コミュニケーションのスキル不足として対処すればいいのです。つまり会話の手法が稚拙《ちせつ》なだけなのです。

Hさんは、この対人関係の問題の仲裁をして、心身ともにボロボロになるほど疲れていました。しかし、「初めは素人だったひとに対して一般業務の研修を行なうように、コミュニケーションに関しても会社側が研修を提供するべき」と発想を変えたことで、解決の手段はみえてきました。そこでHさんは数人の支店長たちとともに、フレックスコミュニケーションが主催するコーチングスキルトレーニングに参加しました。

トレーニングの直後、彼のもとに「社長、私はこの仕事に向いていないようです。辞めたいと思っています」といって、辞表を携えたエステティシャン、Tさんがやってきたそうです。「そうだ。ここで、復唱のスキルを使ってみよう！」とHさんは考えました。

「そうか、辞めたいのか。仕事に向いてないと思ったんだな」。Hさんが復唱してそういうと、Tさんは少しきょとんとして絶句したそうです。しばらくしてTさんは「サロンの同僚に性格の合わないひとがいる」と、辞めたいと思った本当の理由を話しはじめました。Hさんは、意見をはさまずに復唱のスキルを使ってすべての話を聴きました。するとTさんは、「でも、もう一度自分で考えてみていいですか？」といって帰ったというのです。

ひとは、相手が「自分に反対する」「自分を否定する」「説教される」と身構えたとたん、本音では話せなくなります。Tさんも、H社長に説得されて引きとめられるか、あるいは心情を理解されないまま冷たく扱われるかと、最悪の状態を思い描いて緊張していたかもしれません。

この場合、Hさんから「そうか、辞めたいのか。仕事に向いてないと思ったんだな」と「復唱」によって「受け入れた」というサインが出されるとTさんはまず、「受け入れられた」と感じ、ホッと安心します。

安心すると、次に意識が自分に向かい、「私は、なぜ辞めたかったのかしら?」と自分自身との葛藤が始まるのです。それまでは、「ただ、辞めたい。あのひとと一緒に働くのはイヤ!」という感情だけが先走り、なぜ辞めたいのか、辞めてどうなるのか、自分が一番どうしたいのか、ということを深く自問していません。受け入れられ、聴いてもらい、自分で葛藤し、その「答」に行き着いたときに、一人で考えていたときにはなかった「前進」が生まれるわけです。

▼お客が納得するまで聴く

では、銀座のMさんはどうしているのでしょう。

よく「クラブに行っても、ホステスさんはただ座っているだけ。逆にこっちが話をして楽しませてやっている」という男性がいます。Mさんのお客もそう思っているにちがいありません。それほどMさんは聴くことに徹しています。聞きかじりの情報を発信しようとか、自分が話をして楽しませよう、などという様子はまったくみられません。先走って結論をいったり、ちょっとあら探しをしてみたり、自分の判断をひけらかしてみたりなどという管理職的な発想もありません。「次回のご来店まで覚えていて、話題をつなげられることが勝負だから、聞き漏らすまいと思って聞きます」。内容を理解し、一〇〇%聴くという意識をもって聴いているのです。

お客が趣味の話や学生時代の話、生い立ちの話をしても、あるいは愚痴や悩みをいっても、Mさんは話を聴くことが嬉しそうにみえます。Mさんは「お客さまは、愚痴を話しながらも『自慢話』をしたいのです」といいます。ひとはどんな内容で話しても「自慢」が心の底にある、ということなのでしょう。お客が「自慢話を受け入れてほしくて」Mさんに会いにくる心をとらえているわけです。

Mさんが他のホステスさんのヘルプに入ったときは、お客が話しにくくはないか、つまらなくはないかと気遣いするときです。Mさんは「そういうときは、視線や動作に敏感になる」そうです。隣の席のホステスさんをみていたり、時計をみていたり、他の客をみていたりというお客の視線をヒントに話題を提供します。

「黒いドレスを着ている○○ちゃんは、昨日ハワイから帰ってきたばかりなのよ」

「へえ、その隣のコは、なんていうの？」

「××ちゃん？　かわいいでしょ。まだ二〇歳《はたち》なのよ。お客さんのお好みのタイプはどっち？」

という具合に、視線がとらえたものを導入にしていくと、そこから会話が弾みはじめるといいます。相手に興味をもてば、自然に「いい質問」が飛び出すのです。そして、糸口さえみつけたら、Mさんは、またお客の話を聴くことに徹するのです。

「聴くことは、話すことよりずっとエネルギーがいる」とMさんをみていて思います。けれどお客は「Mさんが喜ぶから、話をして楽しませてやっている」と思うのです。そして、お客は満足しています。そう思わせるスキルを管理職は見習わなくてはなりません。Mさんは、聴いているふりや、空返事、当て推量などは決してしないのです。

Mさんの同僚には、お客とディベートしたり友達のように会話したりするホステスさんもいます。

お客「いやあ、今日は暑かったね。スーツで外回りだったから汗が吹き出したよ」
ホステスさん「そう?」
お客「アレ、涼しい顔してるじゃない」
ホステスさん「だって、私、往復ハイヤーだもん」

最初からこんな具合です。

「気風《きっぷ》のよさ」がウリだそうですが、なかなかお客は定着しません。お客が精神的にエネルギッシュなときは手応えがあって面白いと感じるかもしれませんが、気分が滅入っているときなどはこんな会話では癒されないのです。そういうホステスさんははじめは珍しがられますが、常に一定の成績はおさめられません。Ｍさんはお客が面白いことをいったら、素直に喜んでお客をその場の主役にしています。そこにはＭさんのエゴはありません。コーチにとって、コーチングが相手のものであり、相手に主導権があるように、Ｍさんにとって、会話は「お客さまのもの」なのです。

さて、コーチングは質問で進んでいくようですが、その前に「聴く」「受け入れる」ということをしただけで、コーチングとして機能していることが理解してもらえたと思います。

コミュニケーション過多が衝突の原因になることよりも、コミュニケーション不足が誤解を生み、人間関係を阻害することが多いと感じます。いずれにしてもコミュニケーションがトラブルの原因となる場合は、圧倒的に「聴くスキルの未熟さ」に起因することが多いのです。微妙な意味合いのことばの齟齬《そご》をそのままにして「当て推量」してしまう。自分の「ふるい」が登場し、相手の本心を聴けずに誤解する。相手の価値観を踏みにじり自分本位に進めてしまう。これらは、「聴く」スキルがあれば対処できる問題です。「聴く」ということは、単純でありながら人間関係の根幹を支えるスキルなのです。

人生で成功するかどうかは、何にかかっていると思いますか？　運、努力、アイデア、才能、資本力といろいろな考えがあるでしょう。私はコミュニケーションだと思います。言い換えれば人間関係です。あなたの人生の中で、大切なポイントではほとんどすべて人間関係がキーになってはいませんか？

そのわりに私たちは、コミュニケーションをおろそかに扱っていますし、効果的な使い方を十分にはしていません。ビジネスシーンでは、部下というパートナーが何を考え、どういう能力をもち、どういうところでやる気を出すかが、あなた自身にも大きな影響をもつことは知っているはずなのに、部下とのコミュニケーションをぞんざいにしてしまっています。

「話を聴いてくれる友人」が私たちにとって一番惹かれる友人です。会いたいと思います。そんな素直な実感をすべての人間関係にもち込むことは可能です。Mさんにそれができているように、管理職と部下の関係も例外ではありません。

「聴く」「受け入れる」という素朴で単純な、でもむずかしい二つのスキルを試してください。意外で不思議な成果があなたにもたらされるでしょう。

4 Coaching

承認〈褒めることと叱ること〉

▼部下はいつも認めてほしい

部下の価値を部下自身が認識しなくては、その強みを「力」として発揮し、維持し続けることはできません。「承認」は、部下を認め、強みを力として最大限発揮させる効果のあるスキルです。さらにあなたが承認することによって、部下は「自分がもとはどこにいて、成長した結果どこまで来ているのか」という確認ができ、自信が生まれ、次の行動プランに対する勇気づけになるのです。

「承認とは、ちょっと大げさに褒めておけばいいんだろう」と誤解するひとが多いようです。「褒めること」との違いを考えながら「承認」についてみていきたいと思います。

ここで「褒める」というのは、相手のことをあなたが評価することをいいます。**承認は、相手の「存在」についてのあなたの「今ここで」の気持ちを伝えること**です。具体的にいうと、相手のあるがまま、例えば「成長」や「変化」をあなたの感じ方で言語化してあげることです。

あなたから褒め言葉をもらったときに、部下は本当に嬉しいと感じているでしょうか？　部下は、褒められすぎるとこそばゆいし、あなたの「操作したい意図」のようなものを感じたり、何を褒められているのかわからないときには、不安に思ったりする場合も少なくありません。

褒めたあなたは、「甘やかしてしまった」と後悔したり、「部下が図に乗って努力を怠ったらどうしよう」と心配することもあります。

ですから、コーチングでは、相手をいたずらに褒めることはしません。存在を認めるスキルである「承認」を使うのです。

あなたの部下は、コーチングによってサポートしてくれ、見守ってくれるあなたの「承認」が欲しいと思っています。誰でも、会話によって自分を確認したいのです。幼い頃、家に帰って、親に「今日の出来事」を報告したときのことを思い出してください。あるいは、妻や夫に仕事の成果を伝えるときのことを思い浮かべてください。そうするあなたの心の中にあるのは、「認めてほしい」という欲求です。人間は誰でもそうして「自分自身」を確認しています。「存在」を「承認してほしい」という欲求の源にあるのは「存在の承認」です。「存在」を「褒めて」ほしいのではなく、「認めて」ほしいのです。

私の子どもが小さいとき、よく「お母さん？」と不意に呼びました。「何か、用？」と聞くと、「あのね、そうじゃなくて、ナオちゃんって呼んで」とよくリクエストされました。これは、「存在」を承認してほしいという欲求にほかなりません。これほど無邪気な自己表現はできませんが、大人になっても私たちは、存在を承認してほしいと願っているのです。とりわけ部下は、誰よりも上司であるあなたからの承認を得られることが嬉しいのです。

「承認」のスキルを大切に考えてほしい重要な理由がもう一つあります。

あなたが相手を認め、心の中でその価値を十分わかっていても、ビジョン・夢・願い・思いなどと同じように、「その気持ち」そのものは形としての実体をもって存在していません。手にとることも目でみることもできないのです。ですから、それに存在を与えられるのは言葉によってだけなのです。あなたの承認の気持ちは言葉にして初めてこの世の中に存在します。

そして、部下は「よくやったな」「成長したな」「頼りになるな」「期待しているよ」「いてくれてありがとう」とあなたが肯定的に承認すると、その言葉によって形づくられた「そのひと」が、相手の心の中に形をもって存在していきます。

しかし承認は、褒めることとは違い相手のあるがままを認め、あなたの感じ方を伝えることですから、プラス表現だけではありません。「残念だったよ」「悔しいな」「ちょっと不安だな」「ピンとこない」「迷うな」などというのも、広義では承認です。

さて、コーチから相手に伝えることばをメッセージと言います。承認を伝えるときはメッセージを使います。承認のメッセージには**IメッセージとYouメッセージ**があります。

Youメッセージは、「田中さんて、ステキなひとね」と相手に主体を置いて伝えることをいいます。「山田、よくやったな」「太田、がんばったな」もYouメッセージです。私たちがクリエイトする承認の言葉は、圧倒的にYouメッセージが多いのです。承認をYouメッセージで伝えると、相手は評価されたという印象をもちます。

それに対し、「青木と一緒にいると、なんだか安らぐな」「井上の能力がうらやましいよ」「岡田、いてくれてありがとう」「上野と一緒に働くのは楽しいよ」「もう、安心してまかせられるな」。これはいずれもIメッセージです。Iメッセージとは、発信する側が「今ここで」の自分の感じ方を伝えたものです。Iメッセージで発信すれば、正直な「今ここで」のあなたの気持ちですから、相手は抵抗感なく受け入れられます。「悲しい」というのがあなたのIメッセージなら、「悲しい」あなたの感情の領域まで踏み込んで、操作したり変えたりすることなどできないことを誰もが知っているからです。

Iメッセージは、発信するあなたには少し抵抗感があり、受けとる部下も照れる言葉かもしれません。だからこそ、Iメッセージには、インスパイアレベル（149ページ参照）のエネルギーがあるのです。日本人の男性はIメッセージが上手ではありませんが、承認する場合は、Iメッセージを使えるようにスキルアップしてほしいと思います。

▼承認するチャンスをみつけられない管理職

「承認したいけれど、承認できるところがない」という管理職がいます。それは部下をみていないあなたのせいで、部下のせいではありません。あなたは、期待していない部下をみてもいないのです。

じっとみてください。あなたから「期待されていない」と感じている部下は、あなたにみられてどんなことを予感するでしょう。「叱られるかな……」でしょうか。「何か失敗したかな……」でしょうか。そんな部下の内部でできているストーリーはかなりネガティブですから、「やる気全開」には相当の距離がありますす。いつも業績トップの部下が、あなたにみられて自分の中で想像するポジティブな物語展開とは、かなりの隔《へだ》たりがあります。その隔たりに日常のあなたの言動が影響を与えていることを、あなたは自覚しなければなりません。

部下を承認するチャンスは、あなたがその気になればきっと一日に一〇〇回以上あります。「メガネのフレームを替えると感じが変わるね」とか、「額のバンソウコウが痛々しいね」とか。それだけで、「みているよ」というメッセージ、つまり「存在の承認」となります。褒めなくていいのです。今の部下の「そのまま」を言語化すればいいのです。

ビジネスシーンで「そんなヌルいことをいっていられない」とか「私はそんなことをいわれても嬉しくない」という考えもあるでしょう。

ひとは感情で動きます。感情はそのひとそのものです。当たり前の承認の一言が、部下の鎧《よろい》をとり去るかもしれないのです。あなたの見方が変われば、部下も変わります。みてあげたら、存在そのままを承認してください。あなたの期待を言葉にして伝えてください。

▼お客も存在を認めてほしい

あなたが、クラブへ行ったときにはどうでしょう。なじみのホステスさんは、「来店したあなたを認知している」と、なんらかの方法で伝えてくれるでしょうか。

Mさんをみてみましょう。Mさんは、お客が来店すると「いらっしゃいませ」「お待ちしてました」と伝えます。これはどのホステスさんも行なっているありきたりの挨拶で、いわば基本レベルの承認です。

Mさんは自分のお客が来たとき、別の接客をしていて席を離れられない場合にも、必ず、来店したお客にアイコンタクトで「来店を知っているわ。あなたの存在を知っているわ」と伝えます。お客もMさんを視線で探していますから、視線同士がヒットすれば、お客は「Mさんに来店を認められた（承認された）」と安心します。Mさんが忙しそうだから、ヘルプのホステスさんと時間を潰して待とうか、という気にもなります。これは、まさに「存在の承認」が生む安心なのです。

ひとは認められないことほど辛いことはありません。部下が外回りから帰ってきたとき、仕事が上手くいったのか、失敗だったのか、上司にとっても他人事ではありません。うつむきがちなのか、肩で風を切って帰社するのか、部下の様子で仕事の首尾がわかります。あなたは部下がうつむいて帰ってきたからといって、「存在の承認」まで省略していないでしょうか。そんなあなたの冷たい視線を感じている部下は、置き場所のない心をどうしたらいいのでしょうか。

あなたの設定した「期待値」に到達したら部下を褒めてやろう、と待っていたとしても、それは部下には伝わりません。部下は、関心をもたれていない、無視されていると感じます。ネグレクト（無視・軽視）ほど人間の行動を弱める罰はないのです。そもそも管理職の「期待」にそうかどうかと「承認」をセットにすること自体、コーチングのマインドでは間違いなのです。仕事の出来、不出来にかかわらず、「承認」は行なわなければなりません。

Mさんは、しばらく足が遠のいていたお客には、とくにはっきり伝わるように「嬉しいわ。私のことを思い出してくれて。ありがとう！」といって率直な気持ちを伝えています。これがIメッセージです。お客はそういう歓迎があれば、しばらくご無沙汰だったというひけ目があっても敷居を高く感じずにすむのです。Mさんは決して「久しぶりねえ。どういう風の吹き回し？」などと皮肉をいいません。

Mさんが足が遠のいていたお客に接するように、失敗した部下にこそ、「ちゃんと帰ってきたな」という気持ちで存在の承認をすれば、部下は次のステップへの勇気がもてます。

4

▼褒める危険

「部下は褒めて、おだてて育てればいいんだ」という管理職が多いということについて考えます。「褒める」ということが、あるがままを認めた「存在の承認」であるなら問題はありませんが、「褒める」が「結果の過大評価」を意味するとしたら問題があります。

「部下の結果を褒めよう」という考え方は、コーチングにはふさわしくありません。それは裏返せば、「結果を出せればいくらでも褒めてやるけれど、最終的な結果を出せない部下は褒めない」というメッセージを部下に抱いていることになります。「褒めてあげるからがんばれ」というのは、がんばらせるために、「褒めてあげること」を餌にしているにすぎません。それは「操作」なのです。「指示・命令を行ない、部下を操作してきた」これまでの操作主義の延長にほかなりません。

「部下が行動目標を立てて取り組んでいる。たとえ結果を出せても出せなくても上司は承認する」というのがコーチングの考え方です。それには、結果だけにフォーカスするのではなく、過程を見守る、努力を承認する、それらを共有しながらサポートする、というコーチの心がまえが必要です。

▼デキる上司はクリエイティブに叱る

叱ることについても少しみていきましょう。叱ることは、承認と同じように「今ここで」の気持ちを伝える必要があります。今ここでのIメッセージで叱るなら、相手は受け入れることができます。それは、前述のとおりです。

しかし、私たちは叱るときに感情に支配されてしまいがちです。感情的になることと、感情を伝えることとはまったく違うのです。

例えば、約束の時間にあなたが遅れて到着したときに、相手が「遅刻するなんて最低の奴だな！ いい加減にしろよ」と怒りを伝えたら、これは感情的になって、それをかたまりにしてぶつけているにすぎません。ここでIメッセージを伝えるとしたら、なんでしょう。「心配したよ、でも会えてよかった」かもしれないし、「来ないのかと思って不安になった」かもしれません。それならあなたも受け入れられるし、相手と戦おうとは思わないはずです。

部下がミスをした場合、メッセージを伝える必要があります。プラスの承認よりもずっと慎重にあなた自身のIメッセージをみつけてください。「君にもう仕事はまかせられないな!」では短絡的すぎます。

自分でもてあますほどの「怒り」に振り回されているひとは、それが何から生まれているかみてください。怒りは、自分が対処できないという「脅威」の対象に向けられるものです。「怒り」の原因になっている「脅威」をまず自分の中から探ってください。

部下の成果と自分の期待値との差が大きい場合も、怒りになる場合がありまず。試しに期待値を下げてみてください。怒りは鎮まります。あるいは、過去から溜まってきた怒りが、小さな出来事がきっかけとなって噴出している場合もあります。怒りは、小さいうちのほうが対処しやすく、大きくなるとちょっとしたきっかけが爆発の引き金になるのです。

「怒り」の本質をキャッチできたら、管理職はクリエイティブな叱る言葉をみつけてください。

「惜しいな」「悔しいな」「期待してたんだ」「問題点を一緒に考えよう」「何が障

害だったんだろう」「次に活かしたいな」。あなたのメッセージなら、部下はきっと聴く耳をもつはずです。

部下を叱るときの目安として、あなたが相手の成長を願っていたら、そのメッセージは相手軸（73ページ参照）から出たもので、部下もきっと受け入れられるでしょう。叱るときに少しでも「優位に立った気持ちよさ」や「叱ってすっきりした！」と感じたら、自分軸から出ただけのエゴの「叱る言葉」であるかもしれません。

▼部下の短所を受け入れてみる

「叱る」と似ていますが、部下の短所とどう向き合うかについてみていきます。

以前、エンパワメント・センターの森田ゆりさんが、「短所と長所はコインの裏と表。短所が実は自分の長所の別の姿だと思うことが必要だ」（森田ゆり著『多様性トレーニングガイド』）と教えてくれました。短所は長所が少し極端になったものなのです。「頑固なひと」は、「自己主張がある」という長所をもっているし、「決断力がない」というひとは、「慎重」という長所をもっています。つまり、短所を手放させようとして部下の短所にフォーカスすると、部下の長所をも手放させることになってしまうのです。

そもそも短所のない人間などいないのです。短所をなくすことにエネルギーを費やすより、長所を強みとして武器にしていくほうが効率がいいといえるでしょう。

そのときこそ「承認」のスキルがものをいいます。部下の強みを承認のスキルで伝えれば、部下はその強みを活かす行動を工夫するでしょう。

仮に短所がいつまでもなおらない部下がいるとしたら、たぶんその部下は、その短所のせいでとても困ったという場面に遭遇していないのです。あるいは、「失敗」という自分の短所やウィークポイントを知るチャンスを、上司が先回りをして摘みとってきたのかもしれません。

さて、相手の短所を指摘するのは、とても簡単なことだといえます。誰でもできます。四歳児でも、親の痛いところをついてきます。

もしあなたが、今、部下の短所に目が向いているとしたら、そこにはあなた自身の短所が隠れているかもしれません。私たちは自分と似ている短所をもっているひとが近くにいると、気になってしかたがないのです。あなたがそんな部下を変えようとせず、その前にあなた自身の短所にフォーカスすれば、その短所がそうそう簡単にプラスには向かわないことがわかるでしょう。自分がシフトすることにチャレンジするだけで、部下を許せる度量が広い上司になれるかもしれません。

短所の指摘に比べて、承認はとてもクリエイティブな作業です。あなたの感情そのものを表現することが要求され、そこにあなたが映し出されるからです。そして、創造的な承認から生まれる成果ははかりしれないからです。

ところが、自分の心のメッセージに私たち自身はなかなか気がつきにくいのです。「今ここで」の自分の感情に気づくには、訓練が必要です。いつも「今ここで」の自分の気持ちを自分に問い、それを「言葉にして」アウトプットすることが一番のトレーニングになります。意識して実行してください。

5 *Coaching*

Iメッセージの力

▼変えようとしている間は部下は変わらない

Iメッセージとは、「今ここで」のあなたの感じ方・思いを率直に表現した言葉です。

Iメッセージは、承認の場面で多用されるスキルと思われがちですが、実はコミュニケーションのすべての場面に使えるメッセージであり、相手を勇気づけ、動かし、刺激し、行動させる力をもちます。具体的にいうと、「今ここでのあなたの感じ方や思いを率直に言語化したもの」がIメッセージといえるでしょう。

コーチングのみならず、すべてのコミュニケーションにおいて、身につけてしまえば一番使い勝手がいいスキルといっても過言ではありません。

私たちは、何か人間関係のトラブルがあったときに、相手を主語にして考えがちです。ひとと上手くコミュニケーションをとれない場合に、「あの部長は、私の話を聴いてくれない」「部下のA君は、私の意見に批判的だ」といいます。ここで「私が……」と自分を主語にして考えることをほとんどしません。

トラブルを扱うとき、それをどういう方向からみるかによって、「トラブルの原因にさかのぼって、相手を出発点にする道」と、「自分の今の気持ちをこれからの出発点にする道」という二つの道が通じています。

「あのひとは……」と相手を出発点にする道を選んだ場合、そのひとの心理の底に「変わらなければならないのは、相手である」という思いがあります。この道はとても楽な道で、やすやすと選べるのですが、「相手を変えたい」という願いは容易には叶えられません。

もう一方の「自分の今の気持ち」をこれからの出発点にするという道に分け入るためには、少し勇気がいります。しかし、意識をすれば、いつも「自分の今の気持ち」から進むことは可能です。

例えば、予定していたパーティーの時間になっても、友人の一人が来ないので、全員がイライラしながら待っている。そこへ張本人から電話がきた。電話に出たあなたはなんというでしょう？　「何ぐずぐずしているの？」でしょうか？　それとも、「待っているから、早く来てね」でしょうか。極端ですが、どちらかでしょう。

この二つは「（あなたは）何をぐずぐずしているの？（遅刻するな）」と、トラブルの原因にさかのぼって相手を変えようとして発信したメッセージと、「早く来て（ほしい）」という「私の今の気持ち」を**これからの出発点**として伝えたメッセージです。

Iメッセージを会話に活かして、家族との関係を変えた例を紹介します。

トレーニングの参加者で、その後、プライベートコーチングで半年間、私のクライアントとなった三五歳の女性、Sさん。彼女とのコーチングセッションは主に電話で行ないました。彼女は夫をとても愛し尊敬していましたが、日頃から自分自身にも他人にも厳しい夫の反応をみて、夫の意にそうようにいつも顔色をうかがい、とりつくろって生活しているところがあったのです。

ある日Sさんは、友人からかねてからファンだった男性歌手のコンサートに誘われ、夫には仕事と偽って聴きにいったのです。そのまま黙っていれば何事もなく過ぎていくことなので、それまでの彼女はそうしてきました。

ところが、ある日のセッションで彼女は、「黙っていることで心の平安は得られているけれど、愛する夫に隠し事をしていることは、自分の心になんともいえず割り切れない感情が残り、それが日々の情緒的なエネルギーを削いでいる」といいだしました。「自分がウソや隠し事をもっていることを、今まではウソも方便、と思ってきました。でも、そんなふうに内心で夫に舌を出して生きていると、夫が遠いひとになっていく気がするんです」と彼女は内面を話したのです。

「ご主人に自分の正直な気持ちをいうとすればどんな言葉になりますか？」と質問すると、「あなたが、私の話をちゃんと聞いてくれたら、私はウソをつかずにすんだ」「あなたが、『くだらないコンサートなんて、行くな！』って怒鳴ると思ったから、怖くてどうしても本当のことがいえなかった」と答えました。

Sさんも初めは原因を探って、ご主人を出発点として考える道を選んだのです。

誰にでも「私は正しい」「あなたのせい」と自分を正当化したいという思いが

働きます。それが、相手を出発点としてメッセージをつくってしまう原因です。しかし、このメッセージをそのまま伝えたとしたら、受けとったご主人はどんな気持ちになるでしょう。責められている気分にしかならず、「悪かったね」「反省して自分も変わろう」という心情には至りません。Sさんが勇気をもって伝えても、問題の解決のために、相手の行動を変えるメッセージにはならないのです。相手に変わってほしいと強く願うあまり、相手をトラブルの原因としてメッセージをつくり、伝えることは、実は本当に願うところとはまったく対極の効果をもたらしてしまいます。

Sさんは、それまで何かトラブルがあってご主人と向き合わなければならないときは、この方法でメッセージを伝えてきました。話す前には、緊張して、胃がキリキリと痛くなることがたびたびあったそうです。そしていつもご主人にいい負かされて、不快感だけが残り、そのせいでウソをつくようになり、その頃から心の距離を感じはじめたというのです。

私は、「Sさんが本当にご主人に伝えたいことは、『あなたが、私の話をちゃんと聴いてくれたら、私はウソをつかずにすんだ』とか『あなたが、怖くてどうし

相手
素直でいたい
今のままのあなたで
いてほしい
自分
Iメッセージ
相手を勇気づけ
動かし刺激し
行動させる

ても本当のことがいえなかった』ではないように思います。Sさんが本当に伝えたかった正直な気持ちはなんなのか一緒に考えましょう」」と提案しました。「もし、ご主人が怒鳴ったりののしったり否定したりしなければ、Sさんはどんな自分でいられたのか?」「Sさんにとって理想とするご主人との関係はどんなふうなのか」などという視点で話をしました。

「私は、主人にもっと素直で正直な自分を出したいんです。ウソをつきたくないんです。もっと親しくなりたいと思っているし、もっと私たちが共感をもって生きていきたいと願っているんです。今よりたくさん愛したいと思っているんです」……電話を通して、Sさんが涙ぐんでいるのが伝わりました。この正直で率直なIメッセージにSさんがたどり着いたことに、私もとても感動しました。

「本当は、主人に変わってほしいとは思っていなかったんだ、ということにも気づきました。主人が不本意に自分を抑え、我慢するようなことになったら、私だって幸せではありません」と、Sさんは自分の心に気づいていきました。

その夜、Sさんはご主人と話し合いの時間をもちました。まず、トラブルの原因は自分が偽りをいったことであることを伝えて詫びました。そして、私に話してくれたIメッセージで、自分の思いを伝え、「今のままのあなたでいてほしいと、心から願っている」とつけ加えました。

ところがその夜のご主人の反応ははっきりしなかったそうです。

しかし、その後数週間のセッションで、ご主人が彼女の願う方向に驚くほど変わってくれた、という話を伝えてくれました。「話をよく聴いてくれるようになったし、反対意見であっても一度は受けとめてくれるようになりました」というのです。

Ｉメッセージは、相手を勇気づけ、動かし、刺激し、行動させます。Ｙｏｕメッセージで伝えられるより相手はずっと受けとりやすく、Ｉメッセージはそう感じたひとの感情の領域なのですから、聴いた相手は否定しようなどと立ち入る気にはなれません。

▼クリエイティブなＩメッセージを発信するために

Ｉメッセージを発信するには、自分の心の信号を探す必要があります。私たちは、「実は自分が何を感じているのか」キャッチできない場合があるのです。

最初Sさんが夫に感じていたのは、小さい「怒り」であったのでしょう。「何かを脅威」と感じることも「怒り」なのです。

彼女は、その正体をみつめることなく日々過ごしてしまいました。怒りは小さいうちに、何を「脅威」と感じているか、自分自身でその信号を読みとり、相手にＩメッセージで分かち合うことでスムーズに対処できます。「自分の心に問いかけ、信号をつかんで、自分の本当の『思い』を理解してから相手に発信する」というように、コミュニケーションはまず、自分とのコミュニケーションから行なう必要があるのです。

家庭での事例を紹介しましたが、これは、あらゆるビジネスシーンでみられることです。

男性は、女性に比べてIメッセージをクリエイトすることに抵抗を示します。ビジネスシーンに感情をもち込むことに警戒心があるのと同時に、主観ではなく客観的事実のみがひとを動かすと思いこんでいるからです。

しかし、実は私たちはどんな場面でも感情を排除することなどできません。それは私情とは区別すべきですが、仕事にはすでに感情が入っているのです。また、対立場面では、客観的事実の検証が重要となりますが、チームワークでは主観的な見方や個人の好みが大きな意味をもつことが多いのです。

例えば、管理職という立場のひとから「A君は、何を考えているのかわからない、使いにくい部下だ」という話をよく聞きます。この場合、「表情がないし、無口だし、会議でもめったに発言しない」などと、「A君をトラブルの原因にして」A君を変えようとしている間はA君は変わりません。

管理職が「自分の今の気持ちから出発する」という道を選んだときに、きっと事態は大きく変わります。

A君を勇気づけ、動かし、刺激し、行動させるのは、管理職の「感情」がみえるＩメッセージなのです。このとき、管理職が自分の心にフォーカスすると何がみえてくるでしょう。

「君が何を考えているのか知りたいのでゆっくり話をしたい」「この部がどうなっていったら理想的か、A君のビジョンを聴いてみたい」などというＩメッセージはクリエイティブです。「A君のウリはどんなことか知りたいなあ」などというのは、気楽であり、若いひとは受け入れやすそうです。

部下を育成し、動かし、勇気づけるＩメッセージをあなたの中からみつけてください。

どの部下にも同じ言葉をかけることはクリエイティブとはいえません。相手が変われば、当然あなたの感じ方、Ｉメッセージも変わってくるはずです。銘々に合わせたサポートがコーチングの極意であることも忘れないようにしましょう。

6 Coaching

聴くことと信じる能力

▼一〇〇%理解しようと聴く

「聴くこと」はコーチングにおいてもっとも重要なスキルです。

私たちは、「相手がしゃべってくれるなら、聞くことなんて簡単じゃないか」と思います。「コーチングはただ聞いていればいいんだ」と誤解するひともいます。

あなたは、家族から「また、聞いてない!」といわれることはありませんか? 私は家で家族に、「私のいうこと全然聞いてないのね」ということがたびたびありますし、「お母さん、また僕の話、聞いてないね」といわれることもよくあります。

そんなときは、「聞いている」つもりでも、ただ音声が耳に入っているだけで、うなずいてはいるものの上の空なのでしょう。「シマッタ!」と思いますが、あとの祭りです。

ビジネスシーンにおいても、「私は部下とのコミュニケーションは上手くいっています。話もよく聞いています」と胸を張るひとは大勢います。「本当に聴いていますか?」とたずねると、「割合的にも話す時間より聞く時間のほうが長い」と聞き手であることを強調しますが、「聴くこと」というのは時間ではなく「聴き方の質」が問われることなのです。

業務上の衝突・軋轢《あつれき》は、業務の内容に関するものと職場の人間関係に関するものに分けられます。どちらも、コミュニケーション不足が衝突の原因となることが多いのですが、特に「聴くスキル」の未熟さがこのコミュニケーション不全をもっとも助長しているという現状があります。

▼ただ聴いてほしい

あなたはひとに話を聴いてもらいながら、「アドバイスしてほしいわけじゃない」とか「問題解決を頼んだわけじゃない」「原因を探ってほしいわけじゃない」と感じたことはありませんか?

私は、仕事の話をしたときにほぼ毎回、そう感じます。そんなときは、ガッカリして「聴いてくれてないじゃないか」とか「話さなきゃよかった」と思います。

最終的にはなんとか解決しなければならない問題を抱えている場合でも、まず「とにかく、ただ聴いてほしい」と私たちは願っています。そして、「聴いたよ」と「共感をもって受けとめてほしい」のです。アドバイスがなくとも、それだけで満足なのです。

コーチングは、相手の前進をサポートするコミュニケーションスキルです。話を聴いてもらって、受け入れられると、ひとはそれまでの膠着《こうちゃく》していた状態や、同じところをぐるぐる回っていた自分の思いを整理し、前進します。それがそのひとのもっている「最初の答」なのです。

迷っているとき、無性に話がしたくなります。トラブルを抱えたとき、誰かに聴いてほしくなります。ひとは自分の中の答に出会いたいのです。だから、話を聴いてほしいのです。

他人に目標設定をしてもらったり問題解決をしてもらったりして、その指示によって動いたときよりも、自分が探りあてたこの「最初の答」にしたがったほうが、やる気が上がり、よほど行動しやすいということは誰もが経験しています。

▼相手のために聴く

さて一般的に、言葉や音が耳に入ってくる、聞こえるという状態を「聞く」といいます。コーチングでは「聴く」という文字を使います。この「聴くこと」を妨げている「ふるい」が私たちの中にあります（75ページ「聴くことと受け入れること」参照）。「ふるい」とは、例えば「話の結論は何？」とか「私に利益のある情報は何？」「正しいのは私よ！」という、「自分の解釈」「自分の心の癖」です。

このの「ふるい」を排除した状態で聞くことが「聴くこと」なのです。このとき、コーチには「相手の中に答がある」のだから「相手の前進をサポートしよう」という目的しかありません。

コーチングではコーチが訊きたいことではなく、相手が話したいことを聴くのです。コーチングのセッションはあなたのためにある時間ではなく、相手のためにある時間です。このように、あなたに「自分を軸として」ものを考える以外の

「相手を軸とする」発想があること（73ページ参照）が、本当に「聴くこと」ができるかどうかの大きな分かれ目です。

例えば「私は、部下のためを思っている」「私は家族の幸せをいつも考えている」といってアドバイスを押しつけたり、「いっているとおりやれば間違いない」「あなたの将来を考えているのよ」などといって意見を押しつけることは、「自分軸」で進めていることにしかなりません。それは、相手にとってはおせっかい以外の何ものでもないわけです。言い換えれば、あなたのエゴから生まれている発想です。

「コーチはアドバイスをするな」という意味ではありません。意見をいってもいいのです。ただ、その結果得られる姿、あり方が「誰のためのものか」ということを考えなければなりません。相手の望んでいるもので相手の依存を誘発しないなら、そのアドバイスや意見は「相手軸」から生まれた貴重なものといえるのです。

ただし、「相手軸」から出たアドバイスである以上、相手の望んでいる「あり方」をあなたが知っている必要があります。例えば、親が「有名大学に合格して、一流企業に入ること」を押しつけ、それが、「子ども自身が本当に望むあり方」だと確認していないのなら、それは親の「自分軸」から出た発想といわざるをえません。「いずれ子どものためになり、感謝される」という想像に基づく決めつけは、「相手軸」とはいえないのです。

私がこれまで研修前に行なったアンケートで、「日常的な上司からの情報（アドバイス・意見）がとても役に立っている」という問いに「イエス」と答えたひとは、二〇％でした。これにより、八〇％の情報には上司のなんらかのエゴが含まれていること、「純粋に自分のためになっているものは二〇％だけ」と部下が感じていることが推察されます。

部下は「実情を知らないくせに、まるですべてを知っているかのように命令するのは傲慢《ごうまん》だ」と感じながら、あなたのアドバイスに相槌を打っているかもしれません。

「相手軸」をもつということは、相手の心の状態にフォーカスすることであり、「相手のために」話を聞くことです。それにはまず「ふるい」を排除して話を「聴く」こと、つまり「一〇〇％このひとを理解し、受け入れよう」という意識をもって聴くことなのです。

では、一〇〇％理解して聴く、ということについてみていきましょう。ポイントとなるのは、「安心」「信じる能力」「全部聴く」「促すことと信じる能力」です。順にみていきましょう。

▼安心と潜在能力の扉

私たちは、トラブルを抱えたお客と直接話して解決しなければならないときなど、相手がどう反応するかが心配で、最悪の場合を考えたりします。最悪の状態を考えて思い浮かぶのは、大体が「相手ににべもなく拒絶される」というシーンです。それを考えると、胃が痛くて、足が地についている感じがせず、のどが渇いてきます。それほど、「受け入れてもらえないこと」は、私たちにとって恐怖なのです。それは、自分の存在そのものを拒絶されたと感じてしまうからでしょう。それに比べて、話を聞いてもらったうえでの「反対意見」というのは、それほどの恐怖ではありません。

さて、受け入れられたら、私たちの中ではどんなことが起こるでしょう。

コミュニケーションを受け入れられると、まず自分の存在を受け入れられたと感じます。次に「このひとに話していいんだ」という安心が生まれます。**安心**は潜在能力から答が引っぱり出される出入り口を広くします。

上司が部下と、親が子と、先生が生徒と、というように立場に上下がある場合のコーチングには、安心はことさら重要です。安心できずに話をすると、コーチングされるほうが無意識のうちに相手の納得のために作文するようになります。

つまり「この部長は、なんと答えたら納得するだろう」「この先生はどういう言い訳をすると許してくれるだろう」「とりあえずお父さんの期待に合わせて答えておこう」と計算をし、その場しのぎの言葉を探すのです。

すると、「自分自身」から意識が離れてしまいます。コーチングでは自分はどうしたいのか、「自分」を主体としてものを考えなければ、そのひとの前進にはなりません。潜在意識にある優れた能力も引き出されません。怒鳴られて「正直に話せ!」といわれても、ひとは正直にはなれないのです。

あなたのコーチングの相手は聴いてもらうことによって安心を得られて、やっと次のステップへと進むことができます。

▼信じる能力

「ふるい」を排除した状態で聞くことが「聴くこと」であると述べましたが、そのときコーチは、「相手の中に答がある」のだから「相手の前進をサポートしよう」という姿勢をとります。つまりコーチングにおける「聴くこと」は、「相手の中に答があると信じていること」が前提条件でできるのです。

ここまで理解できても、「信じて聴く」ということは生《なま》やさしいことではありません。「答を与えたい欲求」があなたの中ですぐに頭をもたげ、ウズウズし、多くの場合、軍配は「答を与える欲求」に挙がるでしょう。「信じる能力」はコーチが自分と闘えるかどうかがポイントです。「聴くこと」と「受け入れること」はセットだと前に述べましたが、この「聴くことと信じる能力」も切り離すことができません。

自分に能力や可能性があると信じて話を聴いてくれている相手に、ひとは信頼を寄せます。つまり、ひととの信頼関係は、あなたが「聴くこと」でつくられていくのです。「ふるい」を通した聞き方をしていると、信頼感はいつまでも生まれません。

さて、部下と面と向かって話し、部下が黙ってしまったとき、あるいは質問の答に窮《きゅう》したとき、あなたのほうがその「間」に耐えられなくなり、沈黙を破ってしまう、ということはありませんか。なぜ、沈黙に耐えられないのでしょう。間がもたないと感じるのはなぜでしょう。

「部下が答をもっている」。だから、部下は今その答を探っているという信念があなたの中にあれば、じっと話を聴けるのです。沈黙があっても余裕をもって待つことができるはずです。待てないのは、あなたに「信じる能力」が足りないからです。

なぜ、部下が答をもっていると感じられないのでしょう。一つには、日常的に部下に質問型のコミュニケーションをとっていないことが原因です。

女性の集まりで、よく「うちの子はまだ中学生ですから、まともな答なんてもっていません」という母親がいます。「訊いたことがありますか？」とたずねると、訊いていないのです。答なんてもっていないと決めつけているから訊いていないし、訊くという発想もないのです。

横道にそれますが、「母親」のセミナーを行なうと、「質問する力」がないことに非常に驚かされます。コーチングのワークをやってもらうと、質問ができずに立往生するのです。

企業研修を行なうと、女性には質問のスキルが高いレベルで安定しているひとがいて、感心させられることがあります。反面、まったくクリエイトできないひとがいるという現状を目のあたりにすると、「母親」としての日常会話は、ほぼ「発信のみ」のコミュニケーションで進めていることが想像できます。

私たちは家庭でも職場でも、身近すぎるひとの「答」はわかったつもりでいて、質問をして訊いていないことが多いのです。

部下が答をもっていないと思い込んでいる管理職は、「自分が答をもっているのだから、部下はその命令にしたがっていればいい」という考え方のひとがほとんどです。今までの緩やかなビジネスサイクルでは、それでも仕事は進んでいきました。しかし、上司が後生大事にしてきた過去のノウハウは、旧式になってしまって令和時代のビジネスシーンでは通用しません。そこで部下に考え、自発的に行動する能力を身につけてほしいから「コーチング」が注目されているのです。

上司が「部下を信じていないから指示・命令する」と、部下は「答を与えられるから自分で考えない、依存する」という循環が生まれます。

これを上司が「信じて質問する」から「部下は考えて答を出し、自分で判断する」という循環に変えていくのは、文字で書くほどたやすいことではありません。ただ、そのスタート地点は「信じること」だということを理解してください。コーチングの成否は、あなたの信じる能力にかかっています。

「信じるかどうかは、こちらの問題ではない。信じられる部下かどうかは相手次第だ」という管理職が多いということも述べておかなくてはなりません。つまり「結果を出せる部下は信頼に値するけれど、目にみえる行動や結果を出せない部下は、能力や可能性があるとは信じられない」という考え方です。

それは裏返せば、「結果を出せば信じてあげる」という思いを部下に対してもっていることになります。「信じてあげるからがんばれ」というのは、がんばらせるために「信じてあげること」を餌にしているにすぎません。それは「操作」なのです。

「相手が答をもっている、たとえ結果に結びついても結びつかなくても。そしてコーチはそれを信じる」というのがコーチングの考え方です。ですからあなたが「コーチングのフィロソフィー」を受け入れることができて初めてコーチングをスタートできるのです。

「信じる能力」はあなたの心のゆとりのバロメーターでもあります。私たちは心にゆとりがないときには相手の話を受け入れるスペースなどありません。基本的にひとは、他人の話をあまり聴きたいとは思っていないのです。

ひとの話を聴いたほうがいいと思いながら、それを待てないのは、実は心に相手を受け入れるスペースをもっていない場合があります。それではコーチングはできません。

私たちは、自分自身の日々の業務に追いたてられて、部下の話を聴けない状況にある場合もあります。しかし、こうして業務を緊急度だけで測っていると、重要度という尺度を見失います。部下の話は、あなたにとっての緊急度は低くても、重要度が高い場合があるのです。ゆとりのなさは仕事の優先順位を見誤らせます。部下は、社内顧客なのですから、聴く時間をつくる価値はあるはずです。

さて、顧客からじっくりニーズを引き出さなくてはならない業種の営業職のひとには、ぜひ「信じて聴くスキル」を活かしてほしいと思います。その成功例をご紹介しましょう。

生命保険会社にライフプランナーとして勤務するDさん（三二歳）は、関連会社からの紹介でお客と面談し、紹介者のポジションパワーを利用して契約をとる、というそれまでの営業スタイルに疑問を感じ、嫌気がさしていました。

お客と会うところまでこぎつけると、売りたい商品の売り込みを優先し、お客の話はほとんど耳に入っていなかったのです。ひたすら「セールスクロージング」に時間をかけるので、結局、お客は根負けしてこちらのおすすめの保険を契約してしまいます。「もう会うのもイヤ」と敬遠されることも多いため、契約はとれてもそこから人脈が広がっていくことは少なく、何よりも「本当に相手が望んでいた商品を提供できたのだろうか？」と心残りがあったといいます。

さらに仕事のためとはいえ、「お客に『しつこい奴』と思われたまま、その誤解を解くきっかけがない」という寂しさも感じていました。

フレックスコミュニケーションが主催するトレーニングに参加してから、Dさんは新規のお客を開拓し、面談の場面ではお客の将来の生活プランを聞くことに徹しました。するとお客が一人ひとりまったく違うニーズをもっていることを改めて実感したといいます。Dさんは保険商品をすぐにすすめることもしませんでした。

こちらが一〇〇%相手を理解しようと思って話を聴いていくと、今までは聞けなかったお客の将来に対する不安、仕事の悩み、家族の問題などいろいろな話を引き出すことができます。Dさんはそんな話のときもアドバイスにみせかけて保険を売り込むということはせず、聴いたサインを出し、受け入れていました。

しかし、Dさんは不安でした。セールスの仕事をしているという実感が乏しく、「このまま商品が売れずに過ぎていくのじゃないか」と幾度となく思い、以前のセールスパターンにもどりそうになったのです。

ところが、違いは少しずつ訪れました。まず、お客がDさんの来訪を心待ちにしているのがわかるようになったのです。それまでお客にとってDさんは、「契約するから早く帰ってほしい」というほどの存在だったのです。

それが、「うちはどんな備えが必要かな?」と相談されるようになりました。

そして、それまでの充分なヒアリングからジャストフィットな提案ができるようになったのです。「近いうち結婚する部下がいるから、いろいろ相談にのってやってくれないか？」と紹介ももらえるようになりました。トレーニングから三か月くらいたった頃から、関連会社の圧力ではない紹介によってお客が増えていくようになったのです。

「コーチングをとり入れてからは、今までのように時間をかけたクロージングは必要なく、決まるときはウソのように早い」というのがDさんの最近の成果です。そして、お客が信頼してそれぞれの人生のイベントを話してくれるようになったことで、「ひとと深くかかわっていられる」と実感し、仕事に対する充実感も増したといいます。

お客は答をもっています。生産者や企業側のお仕着せではなく、主体的に商品を選びたいと思っています。Dさんは信じて聴くことで信頼関係を築き、お客が自ら「答」にたどり着くサポートをしたのです。

お客が「答」にたどり着き、「自分にとってのニーズ」に気づけば、あとは自発的に行動しますから、最終的に契約を迫るセールスクロージングは必要ないということです。

▼全部聴く

さて、あなたは「今忙しいんだ、要点だけいってくれ」とか「田中くんの話はまどろっこしいな、結論はなんなんだ」などということはありませんか。

一〇〇%理解しようとして聴くことに徹するひとがいてくれると、私たちは安心を得られ、次に、話しながら状況が「整理」されます。誰でも、話を聴いてもらっている間に考えがまとまったという経験があるでしょう。

ですから、コーチングにおいては最初から理路整然と話をする必要などまったくないのです。話しながら考えがまとまったり、気づいたりしていくのが私たちだと思ってください。

「要点をいえ」「結論をいえ」という促し方は、連絡や報告の場面では機能するでしょうが、コーチングにはなりません。日常のコミュニケーションでいつもコーチングをすることはありませんし、マネジメントのすべてがコーチングスキルでまかなえるものではないのですが、コーチングを活かすべきときを見極めるのも管理職にとって必要な判断といえるでしょう。

部下が話を聴いてほしいときに、「今忙しい」では部下の可能性は伸びません。あなたは、お得意さまの顧客にそんなことはいわないはずです。しかし、そのお得意さまが一個しか買わない商品でも、部下は一人で一〇〇個さばいてくれるかもしれないのです。

顧客の一〇〇倍の売上を運んでくれる上得意の部下に「今忙しい」などといってはいけません。あなたの部下は顧客以上に大切なひとなのです。今は忙しいなら、「要点をいえ」というよりも、忙しくない時間をみつけて約束しなおしたほうがいいのです。

コーチングをするときは、「要点だけ」や「結論は……」などという言葉は禁句です。「全部聴く」と思ってください。

話がそれますが、私がプライベートコーチングのセッションをしているときにも、クライアントが話している間に時間がなくなりそうになることがあります。コーチである私は時間のことだけを告げます。あなたもそういうときは、部下にそのことだけを伝えればいいのです。「あと一〇分で部長会議なんだが……」などというようにです。それによって改めて時間をとってほしいのか、話をはしょるのか、まとまらない話をそのまま一〇分間続けるかの決定権は、相手にあります。あるいは「もっと話を聴きたいので、会議が終わるまで待っていてほしい」とあなたからリクエストすることも可能です。

コーチングでは時間がなくてどうしたらいいのか迷う場合があります。リクエストをしていいのかどうか、話をさえぎっていいのかどうか、それはその場の判断で行なうのですが、その指針となるのが「相手軸」から出たことか、自分のエゴから出たことか、ということです。

他にもコーチングでは、「アドバイスすべきか控えるべきか」とか「相手の判断の間違いを指摘すべきか放っておくべきか」など迷う場面は多々訪れます。そんなときはあなたのその思いが「誰軸」から生まれているものか、心に問うてください。

話はもどりますが、まとまらない話を「全部聴く」ことが物理的に可能かどうかは別にして、コーチングでは「全部聴く」と思ってください。

あなたが「全部聴いてくれるひと」だとわかれば、部下は「自分が主人公の今日一日の物語を全部あなたに話したくて」外回りや取引先から帰社するでしょう。部下があなたに報告を聞いてほしくて、一目散に会社に帰ってくるようになれば、あなたのコーチングは成功といえます。

▼促すことと信じる能力

コーチングにおいて「答を相手はもっている」という場合の「答」とは、あらゆることに対する「正解」である必要はまったくありません。また、目標達成までのすべてのステップ、ノウハウがコーチングによって瞬時に解明されるなどということもありません。

今の段階で考えつくアイデア、これが「答」なのです。それを思いついたきっかけを話し合っていくうちに突然、もっといいアイデアが出てくることはよくあります。

コーチングの答は、パーフェクトアンサーである必要はないということです。コーチが今の段階の答を受け入れることは、次の答の呼び水になります。「すみません、いいアイデアを思いつきません」などと部下が答に窮したときは、「でも今の段階でどんなことを考えているの？」と訊いてみましょう。決して否定をしないで受け入れてください。「評価しない」ということはコーチにはとても重要な姿勢です。「評価」や「否定」は潜在能力の扉を閉ざしてしまいます。

これで話は底を突いたと思っても、実はもっと底があったというのはコーチングにおいてはよくあることです。「それから？」「もう少し聞かせてくれますか？」などと全部を引き出そうとして聴くことが重要です。

私が小学生の頃、図工の時間に描いた絵を家族にみせたときに、「これ何を描いたの？」と訊かれても少しも腹が立ちませんでした。「一体何を描いた絵なんだ？」と大人は訝《いぶか》って訊いているのですが、「自分の作品に関心をもってもらえた」ということが「上手だね」と褒められるよりも素直に嬉しかったのです。

同様にコーチの「促し方」が上手だと、「このひとは私を理解しようとしている」と感じ、部下はその先をリラックスして話せます。「もっと聞かせて」「それどういうこと？」「で？」と何度も聴かれているうちに、部下は「つまらない話だけれど」と思っている考えも話しはじめます。実はそこにビジネスのヒントが隠されていることがあるのです。

「うなずく」スキルより少し積極的な「促す」というスキルは、深く聴きたいときにぜひ試してほしいと思います。「気の利いた反応をしよう」「いい質問をしよう」とするより、「……で？」と訊くほうが有効な場合があります。

深く聴く場合、コーチはむしろ「すぐに出てくる答は答ではない」というくらいの心がまえでいてください。すぐに出てくる答は、普段から考えていることで「常識的で平凡」です。コーチングでは潜在能力の中から引っ張り出された答が欲しいのです。底を突いたようでもまだ底があると思って、上手に促し、聴いてください。

聴くスキルは「コーチングの場面」ではなくとも日常的に使え、成果を得ることができます。

例えば、医療従事者が患者に対して使うと、患者の安心や信頼を得ることに役立ちます。コンサルタント業や税理士・弁護士など顧客の相談にのることの多い職業でも有効です。事業の悩みや健康上の悩み、トラブルを抱えているひとは、十分話を聴いてもらい、「わかってもらえた」「伝わった」「共感してもらえた」と感じただけで、その苦しみの何％かを解消することができるのです。

6

そのときあなたに必要な情報は、相手の症状だったり客観的な事実であっても、相手が話したいのはそれにまつわる自分だけの物語であることを忘れてはなりません。相手は、それを共有してもらえたと実感して初めて癒されるのです。よく「面談で話をしたら、顧問先が共感してくれた」というコンサルタントや税理士さんがいます。専門分野の知識を伝えて、「顧客や顧問先の共感を得る」ことはときには重要なことでしょう。しかし、コーチングをしようと思うのなら、「共感」しなければならないのは、コーチのほうなのです。そして、その共感は条件つきのものではなく、「相手だけの物語」に無条件でつき合ってあげることにほかなりません。

ただし、専門的な知識を提供するこれらの仕事では、答を与える場面と答を引き出す場面、つまりティーチングとコーチングの使い分けを上手にする必要があります。

経営コンサルタントで社会保険労務士でもあるCさん（三九歳）は、コーチングスキルとコンサルティングの境界をこのように決めています。「個別の要因が強く、その要因を探っていくとクライアントが答をもっていそうな場合」はコーチング。「経営的な専門知識が明らかに必要で、お客が依存的ではない場合」はコンサルティング、ということです。

例えば、「近くに同業者が進出したのだが、対抗するにはどうしたらいいだろう」という場合は、「クライアント企業のもち味、強み、客層、戦略、競合先になくてこちらにあるもの」などをコーチングで明らかにしていくうちに、お客からアイデアが生まれる場合が多いというのです。「部下のやる気が下がっている」「新しいプロジェクトを進めたい」「社員のコンピテンシーを明確にしたい」などというテーマの場合もコーチングが有効だといいます。

一方で「組織を改変して業務を適正化したい」などという場合には、実情を把握するまではコーチングの聴くスキルを使い、その先はコンサルティングの分野になります。

「お客が依存的ではない場合」というのは、依存的なクライアントは、最初からティーチングのスタンスでコンサルティングを行なうと「自分の問題として取り組む」という意識が希薄になり、いざ実行に移す段階になって一から一〇までCさんに依存する可能性が高く、その結果、成果があがらなくなるからです。

6

お客がコンサルタントとしての意見や見解を望んでいる場面で、こちらが「どうしたらいいと思いますか?」と質問してはお客が戸惑ってしまいますから、コーチングする場合は、「コーチングを試してみましょう」と提案をしてからスタートするのも一案です。

▼お客は評価されることが大嫌い

では、Mさんの場合をみてみましょう。お客はMさんに仕事の話や家族の話、自慢話から愚痴まであらゆることを話します。お客が欲しいのは「慰め」と「あなたは正しい」という承認です。そういってもらうために時間を費やすのです。

お客は、慰めを求めたり、自分を正当化する話は、職場ではできないことを知っています。代償として何を失うかわからないからです。ここで見過ごせないことは、お客は家でもそんな話をしないひとが多いということです。

相手が行動した場合、その「結果」を共有するひととは、よほど自分と闘って「指示・命令したい欲求」を抑え込まなければ、コーチとはなりづらいのです。

つまり、夫の仕事の「結果」を共有する妻にとって、コーチのように「ただ聴く」のは非常にむずかしいということです。妻にしてみれば、夫の失敗は自分の人生にも大きな影響をもたらすからです。

そんな立場にいる妻に、会社での失敗を打ち明けたら、「あなた、だから駄目なのよ。しかたがないわね、部長の奥さまに明日ご挨拶に行くわ！　世話が焼けるわね」ということになりかねません。すると、夫はますます憂鬱な気分になって、「もう家では深刻な話をしない」と決心するのです。

ビジネスシーンも同様です。「また、俺に尻ぬぐいさせるのか！　だから、いうとおりにやっていればいいんだ！」と上司にいわれては、部下は、もう話す気をなくしてしまいます。

あなたがもし男性なら、家に帰って妻に尻を叩かれるときと、ホステスさんに話をし、憂鬱な出来事のストレスを発散し、気分がよくなって活力がわいてくるときを比較してみれば、聴くコミュニケーションがいかに部下にやる気を起こさせるか、実感として理解できると思います。もちろん、「ご亭主のやる気レベルを上げる奥さんもいる」ということをつけ加えておかなければなりませんが。

Mさんは、お客の話を聴いているうちに「客観的には、これが絶対正解！」と

6

思う答がたびたび浮かぶそうです。でも、評価や指示・命令は決してしません。だからこそ、お客は安心して「好き勝手なこと」「誇張した自慢話」をしゃべることができるのです。

「聴くこと」と「信じる能力」について述べましたが、部下をコーチングするとき、「答をもっていない」と決める前に、とにかくまずこう訊いてみてください。「あなたはどうしたいの?」。答を与える前にその質問をして、待ってください。そこはあなた自身の「信じる能力」が問われます。「聴くこと」と同様に「信じること」もあなたの内側の仕事なのです。あなたが信じれば、部下は自分の中から答をみつけようと取り組みます。あなたが信じることからスタートしてください。

もし、あなたが最近、今の部署の管理職になったのだとしたら、前任者の引きつぎのデータをみずに信じてみてください。部下は勇気がわくでしょう。

7 Coaching

コミュニケーションから生まれるエネルギー

▼インスパイアレベルはIメッセージから

私たちは会話によって、勇気づけられたり、やる気が出たり、興味がわいたり、愛に満たされたり、逆に意気消沈したり、憎しみを感じたりしています。

コミュニケーションから生み出されるものは、エモーショナルエネルギー（情緒のエネルギー）なのです。コミュニケーションは私たちの心を温かくもするし、熱くもするし、冷えびえとさせたりもします。

この、コミュニケーションによって生まれるエモーショナルエネルギーにはレベルがあります。

生み出されるエネルギーが低いのは、単なる伝達です。私のトレーニングでは、これをレポートレベル（report level）といいます。情報のみの伝達、指示・命令などです。

そして、112ページの「Iメッセージの力」の項でも述べたように、相手を動かし、刺激し、勇気づけ、行動させるコミュニケーションレベルは、もっとも高いエネルギーをもっています。これを私のトレーニングでは、インスパイアレベル（inspire level）といいます。

「山田くん、この書類来週の月曜までに仕上げておいて」

「ハイ」

これは、レポートレベルです。情報が一方通行で、そこに大きなエネルギーは生まれません。能力の高い冴えた管理職が陥りやすいのが、このレポートレベルだけのコミュニケーションです。情報は伝わるのですが、部下は、切れ者の上司に対し、質問さえ差し控えてしまいます。その結果、部下との間に距離ができ、本来なら温かさが生まれるはずの空間を、冷えびえと感じてしまうのです。

では、インスパイアレベルのコミュニケーションをもった経験がないか思い出してください。

「山田くん、昨日のプレゼンは、B社にもっていかれて、悔しかったなあ」

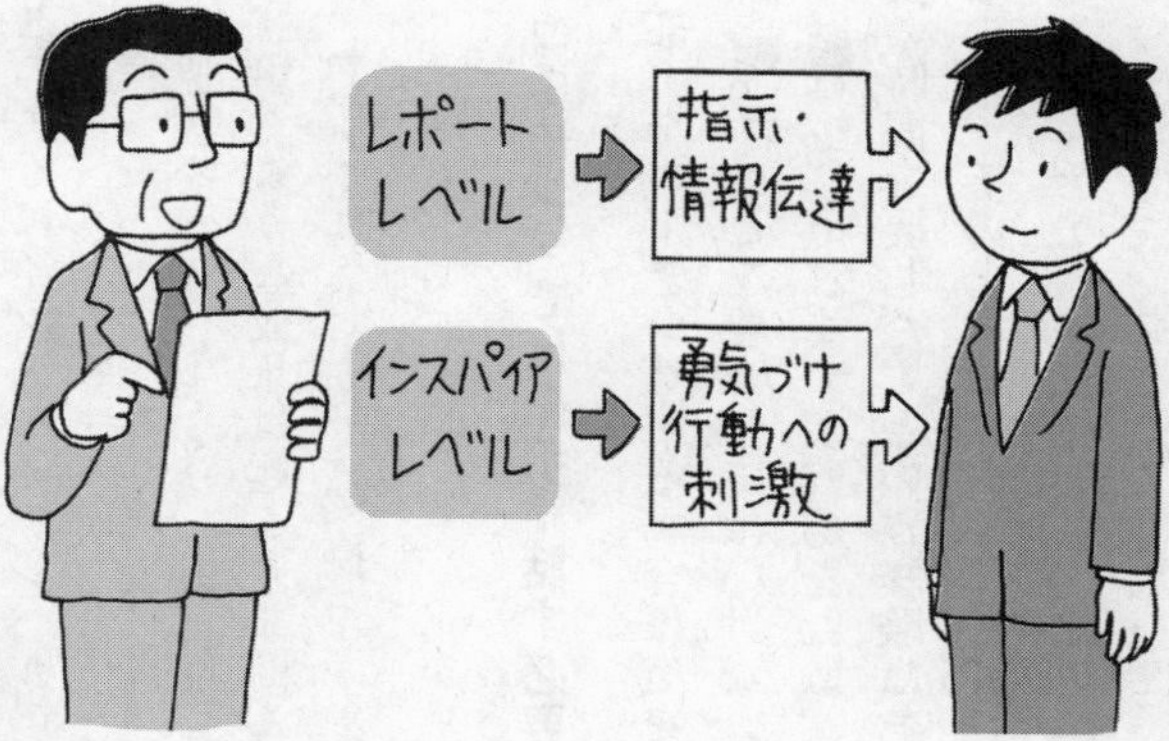

「ホントっすよ。次はもっといいの創りますからね！」

共感や呼応するものがあると、そこには言葉以外のものが双方向に生まれ、レポートレベルより二人の間の空気が温まった感じがします。

「山田くん、昨日のプレゼン残念だったけど、君がいてくれて、あのときほどよかったと思ったことはないよ。結果は結果として受けとめよう！」

こんなことを直接、上司からいわれたなら、部下は勇気づけられ、エネルギーレベルは間違いなく上がります。これは、インスパイアレベルといえるでしょう。

このようにインスパイアレベルのコミュニケーションは、Iメッセージなくして行なうことができません。「Iメッセージの力」の項を参照してほしいのですが、原因を相手において、相手を変えようとしてメッセージを発信している間は、驚くような成果は起こりません。コーチが自分自身とコミュニケーションをし、「今ここでの率直な気持ち」を伝えたときに、初めて相手を勇気づける会話ができるのです。

▼コーチングでは上手く話す必要はない

部下をコーチングする場合に気をつけなければならないことは、部下に理路整然と話すことを要求してはいけない、ということです。

話は少しそれますが、あなたは、夜みた夢をひとに説明しようとして、とても長い時間を要した、という経験はありませんか。夢そのものは短時間でみたものなのに、そのときの映像を細かく伝えようとするととても時間がかかるのです。これは、私たちの潜在的な意識の中で、話すスピードの数十倍の速さで情報がフラッシュしているからなのです。

夢と同様に、潜在意識の中の情報を、話すレベルの速度に落として初めて、「手にとってみることができる」のが私たちなのです。たとえるなら掘り出したばかりの芋や大根が泥まみれで、正体がつかめないように、コーチングで掘り出したばかりの話に理屈が通っていること、的確な表現であることは問題外なのです。

コーチングでは、「思ったことをしゃべる」のではなく、「しゃべりながら自分の考えに気づく」ということをしていると考えてください。

ですから、インスパイアレベルのIメッセージを発信するときも、自分の考え、思いを正確に効率的にレポートしようと考えないほうがいいのです。

上手に説明しようと思ったり、会話の結論ばかりに気をとられていると、自分が何を考えているのか、自分の本当のIメッセージから意識が離れてしまいます。自分が発信したいIメッセージはなんなのか、自分の心が発信する小さな信号をキャッチすることに集中してほしいのです。

Iメッセージを大切に考えてほしい重要な理由がもう一つあります。

心で考えていること、ビジョン、夢、願い、思いなどそのものは形としての実体をもちません。手にとることも目でみることもできないのです。ですから、それらの思いに存在を与えられるのは、ただ言葉によってだけなのです。あなたのビジョン、願い、将来の夢、たった今の感情——これらは言葉にして初めてこの世の中に存在をもちます。

「部下にとって身近な存在になりたい」という気持ちを心にもっているとしたら、そのメッセージは言葉として表現されないかぎり、部下にとっては存在をもたないのと同じです。あとでいくら「実は親しくなりたくて、口には出していなかったが、伝えたつもりなんだ」といっても、言葉によって存在させていなければ、何も起こらないし、インスパイアレベルどころか、レポートレベルにも達していないことになります。

つまり、そこにはコミュニケーションによるエネルギーが生まれないし、ひいては相手を刺激し、動かし、勇気づけ、行動させるには至らないのです。

このようにエネルギーレベルの高いコミュニケーションをもとうと思ったら、Iメッセージは欠かすことができません。

日本人、とくに男性は、「思い」を言葉で述べることに抵抗感をもっています。「三年に一つ」というのはある地方でいわれていることだそうですが、これは「男性は三年間で一回言葉を発するくらい、言葉少ながいい」という意味だそうです。

このように、Iメッセージを美学に反することとしたり、恥と思う風土が日本にあるという事実を、ある年齢以上のひとは理解し、共感すると思います。「三年に一つ」のひとにとってIメッセージほど「人生の美学」に反する表現はないでしょう。

しかし、Iメッセージは、「今ここで」のあなたの心に存在をもたせ、相手を勇気づけ、行動させる力をもっているのです。

Iメッセージを伝え、コミュニケーションのエネルギーレベルをレポートレベルからインスパイアレベルへと移行させることを、あなたの美学に反する行動だとして横に置いてしまうことは簡単です。

しかし、それと引き換えに、得られるかもしれない大きな成果を失っていることにも気づいてほしいと思います。少なくとも、ビジネスシーンではその「美学」はよけいなことといわざるをえません。

では、Iメッセージを意識的に発信すれば、部下が動くのか、というとそうではありません。部下は、管理職のIメッセージと、管理職の精神的な自己基盤に「整合性」があるかどうか、常にチェックをしています。

プレゼンスの要素である「いうこと」と「行動」が統合できていなければ、「言行不一致」という評価を下し、プレゼンスが弱ければ「何を考えているかわからない上司」と評価し、自己基盤とプレゼンスが矛盾していれば、「信頼できない上司」と判断します。

あなたが発信するIメッセージとあなたの自己基盤との整合性を、部下は「まがい物ではないか」と常にすり合わせをしています。Iメッセージは、あなたの自己基盤を反映したプレゼンスである必要があり、「今ここでの率直な気持ち」でなければ見破られるのです。

8 Coaching

ペーシングは コミュニケーションの入り口

▼なぜコミュニケーションでしくじるのか

聴くこと、信じること、承認すること、Ｉメッセージなどについて述べてきました。ここまで読むと、コミュニケーションは「しゃべって聴く」という言語要素が中心のように思います。

しかし、もしあなたが「私は、話すときは慎重に言葉を選び、聴くべきときはちゃんと聴いているのに、部下や家族とのコミュニケーションが上手くいかない」というのであれば、それは、言語以外のところ、端的にいうと「コミュニケーションの導入」でつまずいているのです。

パーティーなどで周囲に知らないひとばかりがいると、あなたはつい壁にもたれかかって、「独りを楽しんでいる」というようなポーズをとってしまいませんか？　つまり「初めて会うひとに自分から話しかけるのは、自分らしくない」と思っていないでしょうか。あるいは、部下にニコニコしてみせたら、甘くみられると考えていないでしょうか。

こんなことはありませんか？　「ご近所でバス旅行をしたときなどに、渉外係は妻にまかせっ放し。『男はやたら愛想をよくするものではない』とご近所同士の会話に加わらない」というようなことです。

ここに述べたタイプのひとは、男性だけではなく女性にもいます。そして、こういう考えをもっているひとは、自分の感情を他者に見せることで権威が損なわれる、あるいは、ひとに「わからないひと」と思われるくらいのほうが自分にとって有利だ、と考える傾向にあります。または、愛想よくするのは弱い人間のやることだ、と思い込んでいるのかもしれません。

そして、自分からコミュニケーションを開始したり、笑顔をみせたり、おしゃべりをすることを「格好の悪いこと」と結論づけているのです。

コミュニケーションは格好の悪いことでしょうか？　確かに、112ページの

「Iメッセージの力」や97ページの「承認」の項で述べた「コミュニケーション」のあり方は、あなたの今までの生き方の中では「格好の悪いこと」に位置づけられるかもしれません。

しかし、たった今あなたが欲しがっているもの、例えば「人間関係の改善と人生の成功」は「その格好悪さ」の中にあるかもしれない、と発想を変えてみませんか？

格好が悪くて、照れくさくて、今までの自分には考えられないことで、とても抵抗感のあることを行なってみるとしましょう。それを振り子にたとえてみます。「格好の悪さ」が、仮に大きく左に振れるとすると、その反動で次に大きく右に振れたとき、得られる未知の成果は、「格好の悪さ」と同じくらいの大きな振り幅で訪れます。

パーティーやバス旅行で、勇気をもって自分からコミュニケーションをスタートさせたなら、相手はあなたのメッセージを受けとり、そこから何かが生まれる可能性は高まります。

部下とのコミュニケーションで、あなたが今までどおりの小さい振り幅の振り子のままだったら、得られることも所詮そこそこなのです。あなたが「自分にとって格好が悪い」と感じているコミュニケーションを試みて、遠ざかる振り子の向こうにある成果をのぞいてみてください。そこから得られることは、きっとあなたの想像よりはるかに大きいでしょう。

▼部下はあなたを異質とみている

さて、ページングというスキルを紹介します。ひとは自分とは異質と感じたものに拒絶反応を示します。「恐い！」とか「気持ち悪い」「そばに来ないで！」「自分より力が強そう」「話が合わないと思う」などと瞬間的に感じ、質の違うものに対して自分を守ろうとします。これに対し、「あなたとは異質ではありませんよ」というアピールを言葉や態度・声・アクションなどで行なうのが、コーチングにおける**ページング**のスキルです。

コミュニケーションの入り口でつまずいているひとは、このページングを「格好の悪いこと」として嫌う傾向にあります。ただし、「聴くことも話すことも、そつなくやっているつもりだけれど、ギクシャクしてしまう」のなら、まず自分のページングに問題があるかもしれない、と考えてください。

相手を「異質なものと感じる」というのは、例えば「全員が正装のパーティーの席で、一人だけジーンズに革ジャンパー姿のひとがいたら、周囲のひとたちはギョッとしてしまう」ことなどです。顔立ちまでが恐かったら、誰も近づこうとは思いません。

気を利かせたホストがそのひとを参加者に紹介して「たぶん危険がない」と判断し、少し安心すると、コミュニケーションを始めることはできるのですが、コミュニケーションの入り口では服装が周囲のひとたちに対しての高い砦《とりで》となっているのです。

失敗をした翌日、上司が恐い顔で「怒っていないよ」といったとしたら、部下は表情・言葉のどちらを本当のメッセージだと解釈するでしょう。ひとは言語化されていないほうのメッセージに真実があると考えます。あるいは、二つの矛盾したメッセージに混乱してしまう可能性もあります。

あなたの「ページングを妨げているもの」を考察してみましょう。あなたの部下は、どんなときにあなたを「異質なもの」と感じ、コミュニケーションをためらってしまうのでしょうか。

あなたが部下の話を聴くときに、身体は**どんな向き**をしていますか？ 椅子の背もたれに身体をあずけてふんぞりかえっていないでしょうか。あるいは、真横を向いていませんか。ひとは相手の話をきちんと聴こうという意識があれば、そのひとに向き合ってアイコンタクトをとり、口元をみながら耳を傾けます。つまり、上半身は少し前かがみになるのです。

言葉では「何か用か？」といっていても、ふんぞりかえったり、横を向いたままだったりでは、「話してみろ。その結果、おかしな話だったら、ただじゃおかないぞ！」というメッセージになります。そのうえ、腕組みまでしていたら、部下はあなたの心に自分の思いを到達させるには、かなり高い砦をよじ登らなければならず、その結果、受け入れられないかもしれない、と気が遠くなります。

パソコン画面に視線を向けたまま、部下に後頭部をみせながら「何？」というのも、ページングを妨げています。視線はしっかり相手を捕えなければなりません。

声はどうでしょう。言葉ではなく、**声**です。どんな声で話されるか、どんなトーンで話されるかによって、受けとめる側には、まったく違うメッセージとして届きます。「しっかりやれよ」といわれるとき、そこにこめた気持ちが「期待しているからしっかりやれよ」なのか、「何度も失敗しないで、いい加減にしっかりやれよ」なのかでは、声も抑揚《よくよう》もニュアンスも別のものになるでしょう。同じ言葉でも、どういうトーンで話すかによって「異質」なものと受けとめられる場合と、ページングとして成功する場合があります。

挨拶の声は、相手とのページングを望むなら利用しない手はありません。

部下が「課長、おはようございます！」と高くさわやかな声で挨拶をしたとき、あなたはどう応えていますか？　部下よりずっと低く、ことさらに太い声で「おはよう」といっていませんか？　わざわざ低い声で返事をするあなたの意図はなんでしょう。「威厳」ある存在は高い声で挨拶などしてはいけない、という思い込みがありませんか？　すごみのある声からは「相手より高い地位であることをアピールしよう」という心理が見え隠れします。

部下は、その日最初の声や表情から上司の心理を読もうと敏感になっています。管理職なら朝の声のトーンから自己管理をしてほしいのです。部下の挨拶に「返事をしない」などはもってのほかです。

表情もペーシングにとっては重要です。

「笑わない」は、相手に「異質」を感じさせるもっとも効果的な方法です。笑わないひとには近づきたくないし、話すときには身がまえてしまいます。

安心が潜在能力の出入り口を広くする、と何度も述べました。相手の安心にはあなたのペーシングのスキルが大きく影響します。権威主義型の「万能で威厳ある上司」をやり続けたいのなら、ページングを行なわないほうが効果的ですし、コーチングというツールを使いこなしてやろうとチャレンジするのなら、ページングから実行しなくては、相手の潜在能力の出口は狭いままです。

化粧品や雑貨を百貨店で扱っているGさん（五五歳）の話です。Gさんは、接客に関してお客からの苦情が多い販売員数人について調査しました。接客の様子を観察したところ、苦情のない販売員に比べて、笑う頻度が明らかに少ないということがわかりました。「笑わないこと」で相手の心をこわばらせ、警戒心を抱かせ、知らないうちに損をしていることが多いということにGさんは気づいたのです。

この話にはおまけがあります。

Gさんがさらに観察を続けていくと、別のことに気づきました。苦情の多い販売員も、たまに笑っているというのです。よくみると、それは、相手の客が笑っている場合でした。笑っている客に対しては、笑わない販売員もつられて笑うのです。

上司の表情もこの販売員と同じです。自分の顔の表情は、あなた自身にはみえません。部下がこわばった顔をしていたら、それはあなたの表情の反映なのです。あなたが笑えば、部下も笑い、リラックスするはずです。

コミュニケーションにおいて、言語そのものから伝わる感情は一〇%にも満たないという調査結果があります。これは、ケース・バイ・ケースですが、声や表情・服装・姿勢・視線などで部下に伝えているメッセージはあなたの想像以上に多いということを自覚すべきでしょう。

さて、日常的にコミュニケーションをとっている社員同士では、その社員の間だけで通用する言語や習慣が生まれます。「企業方言」と考えればいいかもしれません。

そして、それを疑問を感じずに使っている社員は、それが社会一般に通用するやり方であるかのように錯覚しています。これは、ページングに関しても同じことがいえるのです。

私が利用するスーパーマーケットには、マニュアルがあるらしいのですが、レジのチェッカーが肘を張って両手を重ね、「ありがとうございました」といいます。作業の流れの中でそれが「異質なもの」であるばかりではなく、「ありがとうございました」が心を込めたトーンにはほど遠く、視線はもう次のお客に注がれているので、多くのお客は不快に感じているのです。

もちろんこれはペーシングの妨げですが、「企業方言」に慣れてしまった内部の人間は気がつかずにいるのです。

私たちは無自覚で行なってしまっている日頃の声・態度・言葉・服装・表情・視線などをもう一度点検し、自分を鏡でみる必要があります。何が鏡になるでしょう。勇気のいることですが、部下や同僚、家族など、周囲に感想や評価を求めることは、自分をみるもっともいい鏡になります。

さて、ホステスさんはどのようにペーシングしているのでしょう。

ホステスさんにとって店は職場ですから〝日常〟ですが、月に一度か二か月に一度のお客にとって、たまに来る銀座のクラブは、非日常的空間です。「一《ひと》月前のご来店のときと、たまたま私のドレスが同じだったら、久しぶりに来たお客さまにとってここがただの日常的な空間になってしまう」と、Mさんは考えます。

ですから、お客と同伴で出勤する場合など、来店が決まっているときには新調した服を着るようにしているそうです。それが、Mさんにとってのペーシングなのです。

Mさんは、毎日の服装を記録し、できるかぎりお客に別の衣装をみてもらえるように心がけているそうです。「来店するかどうかは、その日にならないとわからないお客が多いのではないですか?」と訊くと、「大体、勘でわかるんです」という答が返ってきました。ですから、Mさんはスーツやドレスに大変な出費をしています。

また、髪型・化粧などを整えることもペーシングです。それらをないがしろにせずに「お客さまをお迎えする」という敬意を表すからこそ、お客は大切に迎えられたという実感をもつのです。

しかし、これらはコミュニケーションの入り口にすぎません。やはりMさんにとっての「基幹商品」はコミュニケーションです。お客の話に相槌を打って、笑い、みつめ、リアクションする彼女をみていると、頭のてっぺんからつま先まで、意識が行き届き、プロ意識をもってペーシングを行なっているのが感じられます。

来店後の一時間から二時間ほどをお客が心地よく過ごせるように、そこにエネルギーを注ぎ込んでいるのです。お客は癒されてエモーショナルエネルギーを補給し、店をあとにします。

▼ペーシングできないのは心が伴わない証拠

ペーシングは、ビジネスマナーや接客マニュアルのように、どういう言葉でどういう作法で、という形が決まっているものではありません。どうすれば相手が安心してコミュニケーションを開始し、本音やクリエイティブな話をすることができるか、相手軸で、つまり相手の心の状態にフォーカスして自分の挙措《きょそ》をコントロールするスキルです。

「相手の話を聴こう」「相手の前進をサポートしよう」という心があれば、それに伴って自然と身体は相手のほうに向くし、声も相手に合わせるようになるということなのです。「まず、心ありき」を忘れないでください。

さて、ペーシングを行なわないことで得られることもあります。外敵から自分を守る、他人がやたらと自分のテリトリーに入らないようにバリアを築ける、などという効果です。

相手が部下の場合、間の距離を縮める義務は誰が負っているのでしょう。部下だと思っているうちは、距離はなかなか縮まりません。

今あなたが欲しいと思っているもの、「人間関係の改善と人生の成功」は「格好悪さ」の中にあるかもしれないと述べました。パーティーで初めて会ったひとにあなたから自己紹介してみたら、何が起こるでしょう。そんな行為は、やはりまだ、恥ずかしくて、照れくさくて、とてもあなたの美学が許さないことでしょうか。

部下とのコミュニケーションではどうでしょう。あなたがペーシングによって異質ではないという証明をし、部下に関心をもっていることを伝えれば、部下は想像する以上にあなたに協力的になるでしょう。あるいは、もっと大きな成果が待っているかもしれません。

あなたが「自分にとって格好が悪い」と感じているコミュニケーションを試みて、その反動で大きく遠ざかる振り子の向こうにある成果を手に入れてください。

9 Coaching

コーチングを妨げているもの

▼部下のやる気を下げている上司

私が現在、ひとを雇用している状況だから敏感なのかもしれませんが、今ほど管理職というもののあり方が問われている時代はないと思います。私が社会人になった頃、平社員にとって管理職は憧れであり、目標とする地位でした。ところが今や、新入社員にとって魅力のない存在になってしまった管理職を、企業が存亡を賭けて再構築している時代といえるのではないでしょうか。

企業が求める管理職を表す文字は、「君臨」などではないでしょう。しかし、意識からその二文字が離れない管理職が多いのが現状です。部下にとって「管理職との出会い」は、その後の人生が決まるといっていいほどの大きなポイントですから、自分の上司の脳裏にどんな文字が貼りついているかは他人事ではありません。

フレックスコミュニケーションが主催するコーチングスキルセミナーで、〝上司の態度が部下のやる気にどれだけ影響を与えるか〟というテーマで「部下のやる気レベル」に関するワークをしたときの結果を紹介しましょう。

セミナーの参加者は管理職が中心ですが、同時に誰かの部下でもあるわけです。このワークでは参加者全員が「自分は部下」という立場で考えます。

話をしているひとの頭には、はっきりと特定の上司との「過去のある事件」が映像化されているのがわかります。「上司の悪口」に、発言するひとたちが活気づく場面です。

あなたは、上司にどんな扱われ方をすると、やる気が下がりますか？　一緒に考えてみてください。

まず、私が「なるほどな」と思った結果から紹介しましょう。

▼個として扱ってほしい！

今まで「上司が『一般論で問題を論じる』場合、やる気レベルが下がる」ということをあげたひとが数人いました。一般論で論じるというのは、「仕事の悩みや障害・問題点に関して相談したときに、『男の仕事というものは、厳しいものだ』とか、『誰だってそういう時期を乗り越えてやってきたんだ』などという大多数の（か、どうかも怪しい）話にもっていく」ということです。

近い話で、「『似たものにまとめられる』のは嫌だ」ということも何度となく出てきました。「『君は総務部の佐藤と同じタイプだな。そういうタイプの奴は……なんだよ』と、一つの分類におさめてしまう」というものです。

「一般論」も「分類」も、部下は「個」として扱ってもらっている実感が乏しく、大切にされている感じがしません。似ているものはただ似ているだけで、一緒くたにして話題にするような問題ではありません。部下は、上司にまず受け入れてほしいのであって、一般論で話しては、うやむやにされた感じ、逃げられた感じ、遠くにいる感じがします。

ある「子育てママたちの会」で、グループでの話し合いをしてもらったときのことです。「問題解決よりもまず共感をもって受け入れてください」と注意点を伝えて、三、四人のグループで個々の気がかりや悩みを話し合ってもらいました。

一つのグループで、第一子を出産したばかりというおとなしそうな若い母親が、「主人が育児にまったく無関心で、家にいても孤立感があってさびしい」といいました。すると、少し年長の母親が、「男なんて、どこでも似たようなものよ。基本的に何歳になっても、自分が子どもなのよ！　期待すること自体が違うんじゃない」と発言しました。その若い母親はそのあと何も話さなくなってしまったのです。自分の夫に会ったこともないひとに「男なんて」と一般論で論じられても彼女の問題解決にはなりませんし、「多くの女性は我慢してきた。だからあなたも我慢すべき」と決めつけられては、なんの前進にもならないと腹立たしさを感じたのでしょう。その若い母親は、まず受け入れてほしかったのだと思います。

職場でも同じです。「一般論」や「分類」は、上司が相談にのっているつもりでも、部下のやる気を削いでいるコミュニケーションであるといえます。

さて、このワークで最多出場回数を誇る「やる気レベルを下げる上司」とは、**「話を聞かずに評価する」**というひとたちでした。同じくらい多いのが、**「責任を**

転嫁する」「自分のやり方を押しつける」というものです。

▼ちゃんと話を聴いて！

一言で「話を聞かない」といってもいろいろあり、「『要するに……ということだろう』といって、すべてを聞かず、『何もかも承知だ』という顔をする」というものもあれば、「『そんなことはどうでもいいから』といいたげに話をさえぎって、結局、自分の意見にしたがわせようとする」というもの、なかには、上司が対処できそうもない投げかけをすると、「『そんなことより、今考えなければならないことはほかにあるんじゃないか？』といってごまかされ、『だから君は同期に遅れをとるんだ』といわれる」というひともいました。

自分は、話を聞かない上司かもしれないと思うひとは、「そこで部下との信頼関係がプツリと切れる」というぐらい深刻に受けとめる必要があります。人間同士の信頼関係は「話を聴く」ということでつくりあげられていくからです。

セミナーでコーチングのロールプレイをしてもらっているとき、そばで聞いてみると〝コーチ役〟のはずなのに説教をしている管理職が多く、ひとの話を聴くことができていない現実を目のあたりにします。

「責任を転嫁する」というのは、「『自由にやってみろ』といっておきながら、失敗したら知らん顔をする」とか、「上司の失敗の尻ぬぐいのために、顧客に頭を下げた。その失敗がきっかけで配置転換になった」という例もありますし、「『少しは自分で考えて動け』といいながら、いざ動くと『勝手なことをするな』という」などというものもありました。

「自分のやり方を押しつける」では、「話を聞いて理解のあるふりをしながら、自分の意見に誘導する」という「やんわり型」から「『おまえは命令だけを聞いて動いていればいいんだ』といって人間扱いしてくれない」という「露骨型」上司もいました。

ほかにも「状況を把握しようとせず、『成績を上げろ』の一点張り」や、「脅す」「自己保身でしかものを考えない」「上司は自分のアイデアを横どりして、おいしいところだけをもっていく」など、部下のやる気レベルを下げる上司は限りなく出てきます。

このワークをすると、いつも私は「部下は上司のことはなんでもお見通し！」

と感服してしまいます。

そして、組織の中での「従属」という行為の背後には、必ずといっていいほど「不満」、あるいはそれを通り越した「怒り」が渦巻いていると感じます。

▼迷える管理職たち

威勢よく上司の批判をする参加者ですが、あるとき何かがきっかけで管理職としての自分がみえてくるのです。自分が上司にされて嫌だったことでも、今部下に同じことを行なっている自分がそこにいるのです。ひとのことはみえるのに、立場が変わると自分がみえないのが私たちなのです。

今、管理職はとても迷っています。

よく、管理職や会社の経営者から「部下には軍隊式でやればいいの？　それとも、自由放任式？」とたずねられます。あなたはどちらのタイプですか？

ここで述べた「やる気レベルを下げる上司」は、おおむね軍隊式か放任式のどちらかに分類されます。「自分のやり方を押しつける」「命令を聞いていればいいんだという」「脅す」などは明らかに軍隊式、「自由にやらせるが責任もとらない」はまさに放任式です。

二〇世紀の日本の企業は、長い間営々と、上司が（軍隊的かどうかは別にして）指示・命令で部下に「答」を与える、というスタイルをとってきました。

そういうスタイルではなく、もっと部下を活かす方法があるのではないかと試されたのが、その対極にある自由放任式だったのでしょう。

「指示・命令式（軍隊式）」「自由放任式」は、どちらも「どう部下と接するか」という上司の側の見方から生まれています。部下にどう情報を発信するか、そのときに上司はどういうスタンスでいるか、上司がどういう心がまえ、態度、言葉づかいだと部下が受けとりやすく、よく動いてくれるか、言い換えれば「操作のしやすさ」に焦点がありました。

▼やる気レベルを上げる鍵は、受けとる側の心の状態

しかし、コーチングは〝部下の心の状態に焦点を当てる〟ということを初めに行ないます。動くのは部下なのですから当たり前の話ですが、これまではあまり考えられてきませんでした。自分がやろうと思ったことは、ひとから「やれ」と

いわれたことよりずっと動きやすいということは、誰でも経験として知っているのですが、いざ「仕事」となると、その発想が今までの管理職には少なかった、あるいはなかったといえるでしょう。

右肩上がり時代に育った管理職世代は、働くことの意味づけが明確でした。それが、「生活の糧を得る」などの安全の欲求や、「立身出世」などの関係性の欲求（199ページ参照）から生まれたものであっても、日々その実感を支えに自分自身を鼓舞してこられたのです。ところが、それ以降の世代は、「働くことの意義」を実感できていません。「働きすぎるとあまり得をしない」という仕事観をもっているひとも少なくないのです。今、組織という拘束は、エネルギーを生み出すことではなく、エネルギーを削ぐことの助けとなっているのです。

基本的にひとは、会社・組織・家族などに「大切にされている」という実感をもてないとき、エネルギーはわいてきません。そして、「今の若い世代」はその現象が顕著に表出しているといえるでしょう。

そこで企業は、「指示・命令式」を補完し、働くひとのエネルギーを創出する方法としてコーチングに注目しているのです。

ところが、業務の現場で管理職は、いまだ指示・命令式のみのマネジメントから離れられずにいます。

フレックスコミュニケーションのセミナーでは、管理職を主たる対象としたトレーニングを終えてから一か月ほどのちに、フォローのトレーニングを行ないます。ここではどれほどコーチングスキルが定着しているか、学んだことを実践で活かしている度合いをアセスメントし、実践を「妨げているもの」を考える場としています。

参加者は、スキルに関してはとてもよく理解しています。ところが、理解と実践には大きな溝が横たわっているのを私はいつも実感させられます。

その溝は「**指示・命令しないと、仕事をしている感じがしない**」「**部下が答をもっているとは思えない**」「**部下がろくな答を出してこないから、結局自分の考えでおさまる**」といった感想となってフィードバックされます。そして、再び指示・命令のみのマネジメントにもどっていくのです。

▼嵌《はま》っている日本の組織

なぜ、管理職は指示・命令式から抜け出せないのでしょう？

それは、「すっかり嵌っている」からなのです。おじいちゃん世代もお父さん世代もやってきて、かつて日本の繁栄を築いた「指示・命令式」に嵌って、動けずにいるのが日本の管理職なのです。

日本の社会には「ヒエラルキー（支配関係）」が存在していました。組織の大小にかかわらず「ヒエラルキー」に基づく人間観によって動いてきたといえます。学校では先生、家では親、会社では上司が「賢者」となり、下の者は「愚者」として命令にしたがってきたのです。上の者のいうことが絶対という点では、ヒエラルキーの典型的な組織は軍隊ということになるでしょう。

「愚者は賢者の命令にしたがい、厳しく統制され、教育されなければならない」という人間観がビジネス界でも主流でした。この構図の中で「愚者」が自分の意見を述べることなどは、「賢者」に対する造反とみなされ、話すように命ぜられたとき以外には許されないことなのです。

つまり「答」は特定のひとしか「もっていない」のではなく「もてない」ものでした。さらに主任・係長・課長・部長と「もてる答をレベル化」し、それがインセンティブにさえなっているのです。

日本のほとんどの企業は、いまだに過去のヒエラルキーに則った縦長の組織で、しかもそこには数十年、あるいは一〇〇年以上にわたって行なわれてきた「指示・命令」の歴史が息づいています。流行に乗ってピラミッド型からの脱却をはかり、フラット型に組織改革をした企業もありますが、組織が変わっても中にいる人間の意識はそんなに簡単には変わりません。

ましてや、たった一日か二日のコーチングのスキルトレーニングを終了しただけで、日常にもどってコーチングにチャレンジしようとするには、コーチする側に強い意志があり、「意識して自分の体質を変える」という内面との闘いがないかぎり、成し遂げられないのです。

それでは、どういうことに意識を向けたらコーチングを実践にもち込むことができ、コーチングできる「体質」となっていくのでしょう。

▼コーチングのための体質改善

先に述べた「妨げているもの」をみていきましょう。

「指示・命令しないと、仕事をしている感じがしない」という感想は、毎回必ず登場します。

「答」を与えることが今まで自分の仕事だと思ってきたひとは、「答」を与えなければ責務を果たしている気がしないのは当然でしょう。あわせて、「部下に舐《な》められてはいけない」「上司としての有能さを証明しなければならない」「伝えるべきことを伝えておかないと不安だ」などという心理が「指示・命令したい」という思いに作用します。

ここで、「私の仕事は指示・命令することだ」「私は強い管理職であらねばならない」というそれまでの意識と対峙《たいじ》し、「部下が答を出すためのサポートをする管理職」として自分を制御できるのかどうかが、コーチングできるかどうかを大きく左右します。

また、指示・命令してきたひとは、「相手より自分が上だからそうする」という意識で行なっていますから、「上の者は勝たなければならない」と考えやすく、その結果、本質とは違うところに話をスライドさせてしまう「パワーゲーム」になってしまいます。こういうひとは「常に部下より優位に立っていたい」、あるいは「この程度の能力かとみくびられたらどうしよう」という心理に陥りがちです。

このように上下、強弱、優劣、善悪など、ものごとを二極化してみる傾向のあるひとは、自分のその心の癖にも気づいてほしいと思います。二極化することによって周囲から入手できる情報は少なくなり、自分自身の選択の幅も狭めてしまいます。また、業務以外でも、ひとから疎《うと》んじられたり、恐がられたり、近寄りがたく思われたりして、気づかないところで損をしている可能性があります。

管理職は、縦社会の中での「操作のしやすさ」や自分が大切にしてきた「プライド」をとるのか、部下と対等な立場でコーチングをして結果をとるのか、慎重に選択する必要があるのです。

次の**「部下が答をもっているとは思えない」**という感想は、今まで部下とまともなコミュニケーションをとってこなかった、あるいは双方向で会話をしてこなかったひとの典型です。一方通行の指示・命令だけで終わり、ホウレンソウ（報告・連絡・相談）も「要点と結論だけをいえ」などとスピードを重視してきたのではないでしょうか。

こういうひとは、コーチング以前に部下との日常のコミュニケーションのあり方から改善していくべきでしょう。自分のコミュニケーションパターンを変えるには、これも「強い意志」が必要です。

「ページングはコミュニケーションの入り口」（157ページ参照）でも述べましたが、今まで部下が「おはようございます」といわなければ、自分からは声を出さないと決めていたひとが、率先して挨拶をするというのは、そのひとにとって苦痛以外の何ものでもないでしょう。しかし、挨拶や声かけなどのIメッセージは、コミュニケーションのエネルギーが非常に高いことも覚えておいてください（149ページ「コミュニケーションから生まれるエネルギー」参照）。あなたが自分の体質改善からスタートすれば、部下は、あなたのことを変わったなと感じ、それによってきっと〝いい方向〟に勇気づけされます。

また、コーチングの考え方である「相手の中にある答」とは、すぐに出てくるものではありません。潜在意識の中に眠っているのです。小さなノックで目覚めるもの、自分一人でとり出せるものもありますが、なかなか意識表面に出てこないものもあります。だからこそコーチのサポートが必要なのです。そのために管理職がコーチとなるスキルをトレーニングしてきたのに、ほんの少しノックしたくらいで「こいつは答をもっていない」と烙印《らくいん》を押したり、あきらめたりしては、コーチであるとはいえません。

「評価せずに聴き、受け入れてほしい」と部下は願っています。あなたが部下だったとき、あなたの可能性を揺り動かし、目覚めさせてくれた上司がいましたか？「いた」というあなたは、きっと自分の部下に対してもコーチングできるでしょう。「いなかった」というあなたは、そういう上司と出会えなかったことは残念です。でも、これからでも遅くはありません。管理職としてのあなたはきっと開花します。試してください。

「部下がろくな答を出してこないから、結局自分の考えでおさまる」という感想をもったひとは、ちょっとコーチングを試してみたけれど、「答」と思われるものがすぐには出てこなかったのでしょう。

何度もいうように、「答」は意識の深いところで眠っています。こういうひとは部下に対してコーチングを試みて、一、二、三の答を聞いただけで「そんな程度の考えしかもっていないのか」とか「つまらないな」「そんな甘い考えで契約はとれない」などといったり、あるいは心の中で評価したりしています。しかし、否定されないという「安心」が部下の発想に弾みをつけることは多いのです。その弾みがもっといいアイデアの呼び水となります。弾みを潰すことをしないでください。

▼強い「管理職」という幻想

「管理職」ということをもう少し考えてみたいと思います。管理職にあなたはどういうイメージをもっていますか？

強い、完璧、答をもっている、などでしょうか。管理職はそれらの能力がなければ不適格でしょうか。組織や部下はそんな管理職を求めていると思いますか。「管理職がすべてに関してパーフェクト」なら部下などいらないわけです。さらに「ウィークポイントがみえない人間」をあなたはどうみるか考えてみてください。人間性がみえるでしょうか？　体温を感じるでしょうか？　近づきやすいでしょうか？　本音を話せますか？　そして、信頼できますか？

私たちは「強くて完全な管理職像」という幻想に翻弄されるあまり、部下に弱点を隠そうとして大切なコミュニケーションを失っているのです。

ここで、銀座のMさんの例をみてみましょう。

管理職のあなたは、「部下に急に質問をされてあわてた」ということはありませんか？　なぜ、あわてるのでしょう。こんなことも知らないのかと思われては、管理職としての沽券《こけん》にかかわる、部下にみくびられたらおしまいだ、ととっさに思うのではないでしょうか。縦社会の中でのプライドに翻弄されるのです。

答えられない質問にあわてながら、悟られないようにしたり、わざと無表情でいたり、腕組みをして考えるふりをしたりしていませんか？

Mさんは、お客から政治や経済の話題が出た場合は、迷わず「それどういうこと？　教えて！」といいます。お客はむしろ、「教えて！」といわれれば、得意満面で教えてくれます。

少しつけ加えると、Mさんは一般誌や経済雑誌にはおおよそ目を通し、ニュースなどで伝えられる時事ネタ、経済情報、話題の映画などに関して知らないことはめったにないそうです。

管理職が「強い、完璧、答をもっている」ことを部下は嬉しいと感じるでしょうか。「ウィークポイントを決してみせないように虚勢を張る上司」の下では部下はやる気が出ません。

部下は、それをリーダーシップとは思っていません。思っているのは、管理職だけです。それどころか部下は、あなたのリーダーシップ度を知識やノウハウ以外の物差しではかっているかもしれないのです。

Mさんが「教えて！」といって客が得意になるように、管理職から「それは私も知らないなあ。調べて教えてくれないか？」といわれれば、部下は張り切ります。そして、その疑問にまつわる仕事そのものに関しても積極的に取り組むことができます。

「バカヤロウ！　そんな基本的なことを恥ずかしげもなく他人に訊くな。自分で調べろー！」といいながら、こっそりインターネットで調べているあなたの行動を部下はきっとお見通しです。

このようにコーチングにおいて「部下が答を出すサポートをする」妨げになるものは、あなたの中にあります。

それらのことにまず対峙し、自分をみつめ、「自分は今コーチなのだ」という強い意識をもって、コーチングを成功させてほしいと思います。

▼コーチングは忙しさを緩和する

さて、物理的な妨げとして、参加者の中には「日常業務では、とても一人ひとりの部下とコーチングしている暇がない。指示・命令だけのほうが早く成果を出せる」と、〝忙しさ〟をあげるひとがいます。

さらに、「自分が上司によって育てられてこなかった」ために、「人材を育てる」ということを感覚的に理解していないひともいます。

確かにコーチングを行なうためには、組織そのものが「体質改善」を行なう必要があります。管理職の人事評価項目に「部下を育成できる能力」という項があれば、管理職が「自分の成果」を追うだけではなく、「コーチングを活かしてエンパワーしよう」という土壌がその組織に生まれるでしょう。逆にせっかく部下を育てても評価されなければ、「徒労だ」と感じるひとが出てくるでしょう。

また、組織全体で取り組めば、実質的に機能していない会議や朝礼をマンツーマンの面談に変えたり、業務の時間配分を変えたりという取り組みにチャレンジすることもできます。

組織において、部下育成の力の高いひとが高く評価されるというのは、これからは当然のことになります。二〇世紀には「指示・命令」が当たり前のことであったように、二一世紀には「コーチングによるサポート」が当たり前のマネジメントコンピタンスとなっていくでしょう。

ただし、組織そのものが動かなくても「個人がその気になればコーチングはできるし、有効な結果を出せる」ということも覚えておいてほしいのです。

また、改めて「コーチングの面談」として行なわなくとも、部下とのちょっとした会話でも意識さえすれば、コーチングスキルを使い、相手の前進をサポートすることはできます。さらに、「聴くスキル」を実践することで信頼関係をつくりやすいことも実感できるでしょう。

トレーニングに参加した服飾メーカーの管理職Tさん（三六歳）は、「アンテナショップを出店する」というプロジェクトリーダーを務めたときにコーチングスキルを多用しました。自分の答を最小限にし、メンバーの考えをどんどん吸い上げることに熱意をもって取り組んだのです。

まず、つまらないと思えるアイデアも決して否定せずに承認することで、メンバー全員に活気が生まれたといいます。次に楽しさが生まれ、日常業務にプラスして行なっていたそのプロジェクトはメンバーにとって重荷であるはずなのに、全員が「楽しみ」にして参加してくれました。

アイデアは、「量」を重視すると、やがて「質」を生んでいきます。促進者が最初から「質」を求めると、メンバーは、アウトプットする前に自分の内面で評価し、選別してしまうため、結果として少ないプランしか抽出できません。

Tさんは、最初「つまらない」と感じていたメンバーのアイデアをベースに、最終的には素晴らしい結果が出たと話してくれました。「あそこで、つまらないなあ、もっといいアイデアはないのか？　といっていたら、この結果は得られなかったし、あんなにいいムードで仕事はできなかった」と振り返ります。

Tさんが、自分の「答」をもとにメンバーに指示し、命令して行なっていてもプロジェクトは成功したかもしれません。しかし、個人がもっている情報量には限界があります。メンバーのアイデアを受け入れ、承認するTさんという存在があったからこそ、無限大の可能性を求めて全員の経験と知恵を結集できたといえます。これがコーチングの醍醐味《だいごみ》です。

組織ぐるみでコーチングが推奨される環境でなければ動けないと決めてしまう必要はありません。Tさんのようにコーチングによって周囲を活気ある状態にし、部下の能力を引き出すことは、いつでも可能です。

トレーニング中は「コーチングをしている暇がない」といっていた経営者や管理職の中にも、コーチングをツールとして使ってみた結果、「業務の質が変わっただけで忙しくはならない」「むしろ精神的にラクになった」というひとがいます。

化粧品販売店を一〇店舗経営する女性、Kさん（五二歳）は、今まで毎日各店舗を回って指示・命令を行ない、いかに従業員の能力・スキルを自分の期待値に近づけるかに腐心してきました。店が暇なときに漫然と時間を過ごしている従業員をみては、「足の遠のいているお客さまにダイレクトメールを出しなさい！」などとイライラしながら、いちいち指示してきたのです。

トレーニングを受けてから、Kさんは「理想のお店づくり」というテーマで、各店舗ごとに従業員全員とミーティングを行ないました。「店をどのようにつくっていきたいか」という考えを、決して否定せず、なごやかなムードで従業員から引き出したのです。その結果、Kさんが驚くほど意外なお店が登場したそうです。「半分を花屋さんにする」とか「サプリメントも扱う」「週に二回は夜一〇時まで営業する」など、それまでのTさんの発想にないものばかりでした。

理想の店をつくっていく方法も話し合ううち、「暇な時間には近所の家にチラシを配る」という案が、従業員から飛び出し、「今のチラシは効果的ではないので、もっといいものをつくる」というところまで話し合いが進みました。

「結局、私が行なったことといえば、新しくつくったチラシの請求書の処理をしただけだったんですよ」と、Kさんは満足げに話してくれました。「コーチングを使って、場の勢いさえつかんでしまえば、自分にとってどんどんラクな方向にいく」というのがKさんの感想です。

忙しくて、コーチングを行なう時間のゆとりがないと考えている管理職には、コーチングは、「相手の中にある答を引き出すスキルである」と同時に、「自分で考え、自発的に行動することを促すスキル」であるということを思い出してほしいと思います。

営業マンが上司の指示・命令にしたがって顧客のところへ出向き、重要な場面で瞬間の判断に困って引き返し、再度上司の指示・命令を求める、などということは、これからのビジネスでは通用しません。管理職は、コーチングで部下の答を引き出しながら、その延長線上にある「自分で考え判断できる」人材の育成へと向かっていかなければならないのです。

しかし「考え、判断する」ことは、一夜にしてできるものではなく、「常に質問されて、常に自分の中から答を探す」クセができてからやっと軌道に乗ります。部下が「自分で考え、自分で判断できるようになる」まで時間とエネルギーが必要ですが、それはあなたをラクにするし、両者にとって最良の状態に向かっていくといえます。

今までのやり方から脱却して、意識変革するのは勇気のいることです。いつも一緒に仕事をしている仲間に対して、コミュニケーションスタイルを変えるのは、照れるし、恥ずかしいし、今までのあなたには考えられないことかもしれません。

しかし、厳しい時代に求められるのは「変化への対応」だといわれています。

変化に対応するとは、新しい技術を開発したり、機構改革に順応したりということだけではありません。「時代が求めているコミュニケーションスタイルに自分を適応させることだ」と考え、身近なところからスタートしてください。

コーチングを行なうことに不安が生じた場合には、この項の最初に述べた〝やる気レベルを下げる上司〟を思い出してください。部下は、一方的に答を押しつけたり、パワーゲームをしたり、完璧な管理職像に振り回されたりしているあなたにやる気レベルを下げられることはありますが、答を部下の中から探ることに取り組むあなたを蔑《さげす》むことはありません。それをあなたは「部下としての自分の経験」から推察できるはずです。

10 Coaching

達成目標のビジュアライズ

▼目標を設定するために

初めに述べましたが、コーチングで扱うテーマは、必ずしも壮大な目標である必要はありません。日常的な目標でもいいし、悩みの解決であってもいいのです。そのひとにとっての前進ならば、それはコーチングで扱えるテーマとなります。

「事業で成功したい」「何かを成し遂げたいけれど、わからないのでみつけたい」「資格を取得したい」「起業したい」という設定目標はよく登場します。

アメリカの心理学者アブラハム・マスロー（一九〇八〜七〇）は、人間の欲望には優先順位があると考えました。五つの階層があり、下の階層の欲求ほど優先順位が高いと述べています（199ページの図参照）。

一番下の「生理的欲求」は、食欲・性欲・排泄欲などです。この欲求が満たされなければ、上の階層の欲求は出てきません。飢餓状態のときに、捨てられた弁当が目の前にあったら、安全性に多少の疑問があってもそれを食べるほうを選択するでしょう。

「安全・安心の欲求」が満たされると、誰かを愛したい、仲間が欲しいと考えます。大きな集団の中で派閥などの小集団が生まれるのは、この「関係性の欲求」によるものです。

さらに次の段階では、他人に認められたい、自尊心を満たしたいなど「自己愛の欲求」が生まれます。上司に認められたいということも自己愛の欲求です。

そして、マスローはこれらの頂点にあるのが、「自己実現の欲求」であると述べています。

これはコーチングの場面においては、「自己愛の欲求」と混同されがちですが、自己実現では「他人に認められるかどうか」は重要ではありません。むしろ、ほかからの評価がなくても、そこに自然と向かっていくのが自己実現であ

り、他人から高く評価されても満足できず、自分の能力や可能性を最大限に発揮してチャレンジしたい、というのが「自己実現の欲求」であるといえます。

コーチングにおいて、一言で「目標」といっても、そのひとを動かしている欲求がこの階層のどの種類のものかはさまざまです。「お金が欲しい」という目標でも、生活のためにより多くの収入を得て、「安心の欲求を満たしたい」という場合もありますし、ゴージャスな身なりをして「豊かな生活をしていると他人から認められたい」という「自己愛の欲求」だったり、あるいは「自己実現のためになんとしても資金が必要だ」という場合もあるでしょう。

また、仕事に関する目標も、常に「自己実現の欲求」からスタートしているとはいえません。「生活するため」「お金を稼ぐため」「ライバルに勝つため」というように、「安心の欲求」や「関係性の欲求」であることも多いのです。コーチはこのどのレベルの欲求から生まれた目標かを厳密に分類して扱う必要はないし、先に述べたように段階的に下の欲求が満たされずに上の欲求へと進むことはまれなわけですから、たとえ階層の低い欲求から生まれた目標であっても、大切に扱う必要があります。

さて、目標を設定し、進んでいくコーチングの会話の焦点となるのは、「何をもつか」「何をするか」ということになるのは想像がつきます。

ただ、「もつもの」「すること」はそれが叶えられれば、あっというまに消えてなくなる陽炎《かげろう》のような目標であることを、私たちは経験上知っています。人生がもし、この「もつもの」「すること」のみを追いかけることに費やされたなら、飽くことのない欲望に翻弄され、やがては欲望に支配されてしまいます。これでは、生きている本当の満足が得られないのではないでしょうか？

コーチは、相手が掲げた卑近な目標を大切にしながら、「このひとの自己実現は何か」「このひとの人間としての本質が反映され、本当に充実した生き方は何か」という視点をひそかにもち続けてほしいと思います。

また、職場や学校などでコーチングを行なう場合、こんなケースがよくあります。仕事や勉強への熱意が落ちているので、深く聞いてみると「家庭の不和で仕事に集中できない」「恋愛で悩んでいて、勉強で思った成績を出せない」などと、障害を抱えているというものです。「家庭の問題と仕事を切り離して考えろ」「今は勉強が大切だ、色恋にうつつをぬかしている場合じゃない」などと叱《しっ》咤《た》しそうですが、マスローの論理で考えると、まず下の階層の欲求を満たすか、なんらかのかたちで完了しなければ、上の階層の欲求には取り組みづらいということになります。上の階層の欲求だけを重要視して、一人の人間の一つの心で起こっている出来事を切り離そうとすることには、無理があると考えるべきでしょう。

コーチングの場面では、人生の壮大な目標を掲げながら、セッションで日常の悩み・障害を扱うことは珍しくありません。私のクライアントのケースでも、

〝人材育成〟などを目標として掲げた経営者が、子どもの問題、金銭のトラブル、スケジュール管理などのテーマを本来の目標と並行してとりあげるケースがよくあります。

「売上アップでライバルに勝ちたい」「ぜいたくがしたい」「きれいになりたい」なども目標になります。自己実現とはいいがたい目標であっても、そのひとにとっての前進であれば、それは扱うテーマとなりうるのです。

いずれにしても目標を設定するうえで、大切なことが三つあります。

まず、目標をはっきりさせるということです。「コーチングのストラクチャー」（274ページ参照）でも述べますが、コーチングの相手がどこに向かっているのかが、常に明らかでなければなりません。これは、コーチと相手が、「達成した」というコンセンサスをもてるような具体的な基準で設定される必要があります。

二つめは、目標が定まったら、それを成し遂げたときの状態をしっかりと**ビジュアライズ**（**映像化**）していくことです。

そして、三つめは**決してコーチが目標を設定しない**ということです。

ハイジャンプにたとえると、「目標」は、助走し、加速していくその先にあるバーです。バーがあるから、そこから視線を外すことなく高く跳び上がれるのです。プレーヤーにいくら力があっても、「高く跳べ」とだけ命令され、空中で弧を描くことを想像するだけでは跳べないのです。コーチングでは、まず跳ぶためのバーを設定しなければなりません。

そして「ビジョン」とは、バーをみごと跳び越えたあとにプレーヤーが得られるものです。観衆の拍手なのか、次の飛躍なのか、名誉なのか、賞金なのか。バーをクリアした先にある、あいまいで漠然としているもの、つまり相手が成し遂げたあとに得られるものをコーチはともに描いていくのです。

ビジョンを語るとは相手が望む「願望」ではなく、むしろその先に何が起こるか、変化するか、相手とともに目標の意義を確認する作業であるといえるでしょう。

▼目標の確認を怠《おこた》るな

目標の設定についてみていきましょう。

あるコーチが、こんな話をしました。「クライアントの目標が『性格が明るくなること』だった。三か月間コーチをしてきて、私はとても明るくなったと思うのに、クライアントは明るくなっていないという」というのです。

これは、目標達成の基準が不明確である典型です。「明るくなる」などという、ひとによって感じ方の違う目標は、コーチとコーチングされる側にとって同一の基準で設定され、達成の状態が明確である必要があります。

つまり、「明るくなったら、何がどう変わるのか」「客観的にどんな状態になるのか」、例えば「明石家さんまさんのように、大勢の前で照れずにひょうきんにふるまい、笑いをとれるようになる」とか「財布にお金がなくなっても、深刻にならずに笑いながらカップラーメンを食べられる」などという具体的な基準が必要です。

目標が「売上のアップ」などという場合も、何%のアップなのかがはっきりしていなければなりません。

目標は、数値化・数量化できるものは明確な値で設定し、できないものも具体的な基準で設定します。「明石家さんまさん」のように、他の誰が聞いても、「そこが目標」とわかる基準です。

コーチは相手から「目標らしきもの」を聞くと、行動プランのコミュニケーションへと気がはやってしまいます。しかし、基準がないと、コーチと相手が別の目標をみてしまうことになり、エネルギーを凝集できなくなりますから、これは気をつけなければなりません。

上司がコーチとなってコーチングのセッションに入る場合、部下に「かっこいい目標を掲げさせることをしない」ということに気をつけてください。

自分を大きくみせたい気持ちが強かったり、世俗的な願望をもっているのを恥ずかしがったり、生活の実情をさらすことにためらいがあったりすると、ウソの目標を掲げます。これでは成果を出すことができません。

だからといって上司が、部下の心情やプライバシーに勝手に踏み込んでいいということではありません。確かな信頼があり、どんな情報でも開示できる関係なら申し分ありませんが、何を話すか、話さないかは相手が選択できる、ということを忘れないでください。

ただし、相手が「話したくない」と感じていることが目標達成の重要なポイントとなる場合があります。私たちが「話したくない」「思い出したくない」「触れられたくない」と思っていることは、過去に起こった気がかりや嫌な思い出、つまり「記憶の中で終わっていない出来事」なのです。そういったものは、ここ一番というときに、私たちを弱腰にさせる原因となります。エネルギーをダウンさせるのです（257ページ「エネルギーロスを自覚する」参照）。そして、忘れようとすればするほど、いつも意識がそこへいきます。

コーチはそれが相手の自由を奪っているかもしれないことを告げ、理解してもらったうえでセッションのテーマにできたら、相手は思いもかけない成果を手に入れるかもしれません。

さて、「悩みや障害の解決」も目標になりうるわけですが、この場合、「解決した状態」が目標になります。フォーカスしていくのはそこですから、その悩みの原因となった過去や問題そのものはそれほど重要視しません。そこがカウンセリングと大きく違うところです。ただし、そこを完了しないと相手が動けない場合がありますから、その場合はとことん聴き、解決できたあとの状態をイメージし、ビジュアライズしていきます。

あくまでも、目標達成のために必要なこれからの自発的行動を促進していくのがコーチングであることを、常に念頭に置かなければなりません。

▼真の目標がみえるまで仮面を剝《は》ぎ続ける

コーチングをするうえで、目標の設定を誤ると、効果が出ないばかりではなく、コーチングが楽しくなくなり、価値あるものになりません。目標の設定で犯しやすい間違いは、「仮面の目標」と「真の目標」を見誤るということです。「結婚したい」という目標を例にみていきます。目標の設定を慎重に行なうために、この場合「結婚したい」という願いの「背景」にスポットを当てます。「なかなか異性と知り合うチャンスがないので、ステキなひとと知り合いたい」「ぜひ結婚したいと異性から思われるような魅力的な自分になりたい」「寂しいので、誰かと一緒に住みたい」「花嫁衣裳を着て、私が主役のパーティーをやってみたい」などと、同じ「結婚したい」でも、そこに求めるもののあり方は違ってきます。

背景を聞いたら、そのあり方によって「目標の設定のしなおし」をしていきます。「魅力的な自分になる」であれば、魅力的というところで、コーチと相手の双方が「魅力的になった」と、目標達成のコンセンサスをもてるような基準を設定することになります。

別の例をあげると、目標が「転職したい」なら、「今の仕事が嫌い」「今の上司の顔をみたくない」「他にやりたいことがある」「転勤できない事情があるから転職しか方法がないと思う」というケース・バイ・ケースの背景によって、目標設定のしなおしをします。向かっていくものがあいまいだと感じた「目標設定」は、その背景をみていくことから始めるのを忘れないでください。

三〇代後半の男性、Rさんの目標は「年内に結婚相手をみつける」ということでした。目標設定の場面で背景を探求するために、「結婚したい相手がみつかってからの理想的な自分の生活」という話を進めていくと、Rさんはあまり楽しそうにその場面を描きません。

不思議に感じて「年内に結婚相手をみつけて、Rさんが得たいことはなんですか?」とたずねると、「社会的信用を得られる」「両親からヤイノヤイノと小言をいわれなくなる」という答でした。「もし、その二つの制約がなければ、あなたにとってもっとも望ましい生活とはどんなものですか?」。そう問われて、Rさんは少し戸惑いました。意識が自分に向かったのです。それまで、Rさんは自分の周囲だけに意識が向いてしまい、自分が本当に欲しい暮らしを考えることから離れていたのです。

「あなた自身はどうありたいのか?」――コーチングで重要なことは、ここです。つまり、頭だけで考えて「どうあるべきか」で動いているひとに、自分が本当はどう感じているかをみせてあげたり、周囲の期待を基準にして自分を縛っていることに気づいていないひとに、自分がどう行動できるか可能性を広げてあげながら、常に「あなた=そのひと自身」の存在をテーマの中心にすることが重要なのです。

結局、Rさんは、「結婚しないのは自分自身が本心から望んでいないからだ」と気づきました。むしろ、心の奥底では「今の生活を変えたくない」と思っていたのです。「結婚すると社会的信用が得られる」というのも、彼自身が自信のなさに対してつくりあげていた言い訳だったと気づきました。

その結果、目標は「今の暮らしを手放したくない、ということを両親に誠意をもって告げ、理解してもらう」ということに変わったのです。Rさんはとても晴ればれとした様子で、その目標に取り組みました。

Rさんのように、目標を設定するプロセスを進めるうちに、そのひと自身がみえていなかったことが段々クリアになり、自分自身が本当に欲しい「別の目標」がみえてくるということが頻繁に起こります。それを、私のセミナーでは「仮面をとる」というイメージで**「ピーリングオフ」**といっています。

ピーリングオフしていない目標を真の目標だと思っていると、どんなアプローチをしても行動のモチベーションが上がらず、いい結果を出せません。本当に求めているのではないものを追っているのですから、コーチングそのものが楽しく感じられないのです。相手のワクワクした感じがコーチに伝わってこない目標は、どこか怪しいところがあるのです。

コーチングでは、誰かに手伝ってもらったり、必要な情報をもっているひとからアドバイスをもらったり、使える資源として「他人のサポートを求めること」も、そのひとの能力や可能性の一つとして扱っていきます。しかし、結婚の場合は、終始「未知の相手」の存在そのものが焦点になるわけですから、主体となるそのひと自身の行動以外の不確定要素があまりに大きく、目標としてはむずかしいテーマといえます。

いずれにしても、目標設定のための時間をたっぷりとることで、最初は回り道のようですが、結果的に早く目標に到達できる場合がありますから、大切に扱ってほしいと思います。

▼目標のビジュアライズはシナリオのように

目標をビジュアライズ（映像化）することについてみていきましょう。

私がコーチングの本を書くということを思いつき、私のプライベートコーチに告げたとき、彼女はすぐに「何色の表紙？」とたずねました。訊かれたとたん、私は心臓がドキドキして、私ができあがった本を手にとるであろうときや、家の近くの本屋にその本が並ぶ未来のことが、目の前で現実に起こっていることのように浮かびました。「紫色がいいな」「どんな紫？」「精神が研ぎすまされるような静謐《せいひつ》な色」。

コーチとその話をする前には、私にとって「いつかコーチングをテーマに本を書く」という程度の現実性しかなかった目標が、表紙の話をしただけで、一気に私の前に迫ってきたのです。そして、その日の夜から私はこの本の原稿を書きはじめていました（編集部注：原本の表紙は紫色でしたが、文庫新装版にともない、表紙を変更しました）。

ビジュアライズとは、このようにコーチと相手が目標達成の姿を具体的な映像にしていくということです。

ビジュアライズによって、目標はより具体的な存在感をもちます。その瞬間に、単なるぼやけた夢から「ビジョン」へと変化していくわけです。それにより相手の中で未来は現実的なものとなり、力をふりしぼる勇気がわき、具体的行動が促進されます。

目標のビジュアライズというのは、目標達成の場面を「平面から立体にしていく」「ぼやけた輪郭からはっきりしたものにしていく」「白黒からカラーにしていく」「冷たいものから温度のあるものにしていく」「本人だけから大勢が動く映像にしていく」、あるいは「登場人物たちに生き生きとした表情で話をさせる」作業です。コーチングの相手にいかにリアルにみせられるか、コーチの腕の見せどころです。「相手の未来をたった今見せてやろう」という姿勢で取り組んでほしいものです。

これをたとえていうと、「相手がドラマのシナリオを書くのを、あなたが手伝っている」という感じです。

本物のドラマのシナリオには、初めに「柱」といって、場面の場所を書くというルールがあります。そしてト書に「誰が何をしているのか」、その場面の状況や登場人物の動作が書かれ、台詞《せりふ》が続きます。

ダイエット希望のKさん（二八歳）のコーチをしたときです。三か月で四キロ瘦せるというのが彼女の目標でした。

彼女の目標をビジュアライズしていきます。

コーチ「Kさん、四キロ瘦せて本当にほっそりしていますね。あなたは、どんな場面で何をしていますか？」

Kさん「主人が謝っています」

コーチ「なんといって？」

Kさん「俺が悪かったって。主人は『ぜったい痩せられない』っていったんです。『どうせリバウンドするに決まっている』って。『そんなおまえが恥ずかしい』って。これで見返してやれます！」

まずシナリオの中の台詞が出てきました。

コーチ「あなたはどこにいますか？」
Kさん「ハワイです。十月に一緒にハワイに行く予定がもう入っているんです」
コーチ「ご主人が謝っているのは、ハワイのどこですか？」
Kさん「ホテルのプライベートビーチです」

これで「柱」はハワイのビーチと決まりました。次に卜書を完成させます。

コーチ「あなたは何を着ていますか？」

Kさん「水着です。今年流行の水着です」

コーチ「何色ですか？」

Kさん「赤とか緑とかいろんな色の入っている、派手で大胆なカットの水着です」

コーチ「そこで、ご主人が『おまえを恥ずかしいっていって悪かった。痩せられないといったのは間違いだった』と謝るのですね」

Kさん「そうです」

コーチ「周囲に誰かいますか？」

Kさん「主人の友達も一緒にいて、私のことを『きれいだな』といってみとれています」

コーチ「いいですねえ。ご主人はどんな反応でしょうね」

Kさん「まんざらでもないっていう感じですね。俺の女房はナイスバディだぞ、みたいな」

コーチ「そんなご主人やお友達をみたあなたは、どんな気持ちですか？」

Kさん「『ああ、努力して痩せてよかったわ！』とか、『また周囲からオンナとしてみてもらえるわ』とか、すごくいい気分ですね」

コーチ「女性としての自信をとりもどしているということですね」

Kさん「そうです！　私が欲しいのは女性としての自信なんです！」

ビジュアライズの柱（シーン）を変えてみると視点も変わります。

コーチ「じゃあ、ホテルの部屋にご主人ともどりましょう。ここではどんなことが起こりますか？」

Kさん「主人と二人でちょっとロマンチックなムードになっていますね」

コーチ「ロマンチックな二人だけの夜に、Kさんはどんな装いがふさわしいでしょうね？」

Kさん「独身のときに買った黒いサンドレスで、7号のがあるんですよ。すごく気に入ってて、似合ってたんですけれど、今はもう着られないんですよ。あれが着られるくらい痩せられたら、嬉しいわ！」

シナリオを書くという感じが理解できたと思います。主人公（コーチングの相手）はどんな台詞をいうのか、どんな場面か、どんな感情か、一緒に誰がいるのか。二人の人物だけを捕えていた映像が少しズームアウトして周囲にいるひとたちを映すと、それはどんな映像か。そんな要領で相手にシナリオをつくってもらうのを、コーチが質問しながらサポートしていくのです。

こうして、具体的映像を相手の脳裏に描くことで、行動への確かな動機づけが生まれます。

もう一つ、ビジュアライズでチャレンジしていただきたいことがあります。これは日常的に慣れていないので奇異な感じがするかもしれないのですが、「もし……だったら、……ですか？」のように、いつか目標が達成できたら、と「成功を仮定する」表現で訊かないようにする、ということです。

「もしプロジェクトが上手くいったら、どんなところで祝杯をあげると思いますか？」ではなく、ビジュアライズのときは、すでにそれが手に入った状態で話すのです。つまり「プロジェクトの成功おめでとう。どこで祝杯をあげましょうか？」という訊き方をするということです。

「もし……だったら」は、未来にフォーカスしていますが、そこは「現在の、欲しいものが明らかに『ない』状態」にフォーカスすることにもなっています。ない状態に意識が向くのは、エネルギッシュとはいえません。ですから、コーチが率先して「あなたはもうそれを手にしている」という本気の芝居で訊いてほしいのです。

慣れないと照れますが、「さあ、今すでに目標が達成されたとして、一緒にその瞬間を描いていきましょう！」などと前置きして、存分に楽しむ気持ちでチャレンジしてください。

コーチ自身がクリエイティブでイマジネーションの豊かなひとなら、相手に立体的で現実味を帯びた映像をみせられます。映像にかぎらず、香り・音・フィーリングなど、ビジュアライズの要素はたくさんあります。

コーチが慣れていないと、いろいろな角度からビジュアライズすることができません。ビジュアライズは意識してトレーニングするとコツがつかめますから、質問のアイテムを日頃から蓄えておくなどして上手になってほしいと思います。

効果的にビジュアライズできれば、「実現」はより早く手に入ります。「ダイエット」は、ダイエットに成功したあとの自分の姿が映像化しやすく、言葉にして「宣言する」ということがよく機能するテーマなので、コーチングで効果を得やすい目標といえます。

▼コーチが目標を設定することがないようにする

私がコーチングを学んでいた頃、クラスの中でロールプレイを行ないました。クライアント役の女性が「闘病の経験をもとに本を出版したい」という目標を設定しました。私が初めにコーチ役をし、彼女は「ゴーストライターを紹介してもらえるあてがあるので、さっそくコンタクトをとって話を詰めたい」という小さな行動目標を立てました。

ところが、次にバトンタッチしたコーチ役のひとが「ゴーストライターなんて頼まず、自分で書くことにチャレンジすべきです」といいだしました。何度もいうように、コーチングではそのひとが立てた目標や行動プランなら、それがそのひとの「完全な答」なのです。

コーチが自分の意見を示し、「自分で書くべき」などとまったく別の目標を設定すべきではありません。「どうせ本を出版するなら、自分で書いたほうが価値がある」というのはコーチの価値観なのです。それは、相手の「完全な答」の前ではなんの意味もありません。こんなことをコーチが提案してしまっては、指示・命令して部下の可能性を潰している管理職と同じになってしまいます。

ビジネスシーンでコーチングを行なうときは、とくにこの間違いに陥りやすいので気をつけなければなりません。「そんな目標では私は満足できないよ」「上半期の目標設定はもっと上じゃないと、下期つらくなるよ」などと、コーチングをしながら上司が不満や意見をいってしまうのです。

自分が立てた目標でなければ、それはひとに与えられた「答」と同じです。与えられた答では、前進できないということは何度も説明しているとおりです。「目標をコーチが設定しない」ということに気をつけましょう。

先に述べましたが、コーチングにおいて目標設定するプロセスは、もっとも大切に扱ってほしいパートです。プライベートコーチングの場合、最初の一か月（四回）を目標設定のアセスメントに使ってもいいと、私は考えています。

その一か月間は、実際のコーチングに入っていないような気がしますが、その間にクライアントには、ピーリングオフ（210ページ）のような変化が起こることがあります。あるいは、目標をビジュアライズし、宣言することで、自らゴーサインを出し目標達成のための行動に移っていくことも珍しくありません。

目標設定のアセスメントは効果的なコーチングを行なううえでとても重要であることを相手にもよく理解してもらって、ていねいに行なってください。

11 Coaching

質問をクリエイトする

▼プロジェクトリーダーがクリエイトした質問

私たちは、頭の中にたくさんの視覚情報があると、次の行動を起こしやすくなります。その視覚情報が具体的であればあるほど、行動にとりかかりやすく、行動も軽やかなものになっていきます。コーチングでは質問に答えることによって具体的な視覚情報がつくられていきます。ところが普段、ひとは情報をひとかたまりにして脳に収納していますから、いきなり細かく具体的に聞かれてもそのかたまりがほぐれず、すぐに答えられない場合があるのです。

そこで、相手から業務上のアイデアを引き出す場合、「言葉の本質を明らかにする」という作業を行ない、相手と同じ場面をみていきつつ、「視点を広げる質問」もします。

プロジェクトリーダーがメンバーからの情報を引き出す場合を例にとってみていきます。

Fさん（三九歳）は運送会社で総務の仕事をしています。彼がまかされたプロジェクトは、「配車の効率化のためのシステム構築とそれに伴う組織を構成する」ということです。具体的なミッションは「これまでベテランの配車担当者の勘に頼っていた配車を、コンピュータ端末で行なえるようにし、新人でも効率よく配車できる組織を編成し、コストを抑制する」ということです。

外注するシステムインテグレータの担当者とともに、現場の配車担当者、営業職、ドライバー、得意先などにインタビューし、部署を超えた知恵を結集させる、というのがプロジェクトリーダーFさんの使命でした。

Fさんは、まずドライバーからヒアリングすることにしました。

「ドライバーさんの仕事で改善できることはどんなことですか？」という質問に、ドライバーは「繁忙期の配車では効率をよくしてほしいし、閑暇期《かんか》には空車の無駄を省いてほしい」と答えました。まず「効率をよくする」というキーワードが出てきました。この「言葉の本質」を明らかにしていきます。「言葉の本質」を明らかにしていくとは、コーチが相手の言葉を鵜呑みにせず、同じ場面を描けるように言葉そのものを具体的にしていく、ということです。

同じ言葉でもひとそれぞれに準拠枠というものをもち、それを基準に解釈しています。「赤」という言葉に「オレンジ」や「ピンク」が含まれるひともいますし、「消防車」の赤だけのひともいます。これが準拠枠の違いです。Fさんは「繁忙期の時間効率をよくしていく」というのは、具体的にどういう動きをすることかを訊きました。

ドライバー「配送先で、埼玉とか城北とか近いところからうちのトラックが少積載で来ているのをみると、なんとかならないかなあ、と思うよ。どっちも帰りはカラだしね。改善の余地があると思うよ」

Fさん「その改善の余地とは具体的にどういうことですか?」

これも「言葉の本質」を明確にする質問です。

ドライバー「都内と埼玉県などの二つの近い拠点から同じ配送先に向かう場合は、中央システムの入力情報から把握できれば、混載してどちらか一台ですませられるんだがなあ」

という案などを引き出しました。この話は、今までFさんのいる総務部などには上がってこなかったアイデアでした。Fさんは「質問してみると、現場は本当に答をもっている」と実感したそうです。

さらに、別のキーワードもていねいに「言葉の本質」を明らかにしてから、次の「視点を広げる質問」へと移ります。

例えば、「ほかにも何か改善できることがありますか?」とか「ほかに中央システムからドライバーが得たい情報はどんなことですか?」などというふうに今度は質問の視点を広げていくのです。

これがコーチングの「質問で『言葉の本質』を明らかにする」「視点を広げる質問をする」という作業です。相手の情報が、コーチにとって映像化できるほどの具体性をもった場面としてみえることが最終目標です。

言葉の本質を明らかにすることによって得られることはたくさんあります。まず、漠然ととらえていたことの輪郭がはっきりしますから、現状や実態がより鮮明にみえてきて、行動プランを立てやすくなります。

また、正体がみえないために恐れていた障害や問題が明らかになることで、それらを乗り越える戦略を立てる助けとなるのです。

▼相手に柔軟に合わせて質問する

Fさんは、すべてのメンバーに「どうしたらいいだろう」と、まず自由度の高い質問をしてみたそうです。「そういう漠然とした訊き方のほうが答えやすいひともいるし、質問の意味をもう一度聞き返して、何を聞きたいのかはっきりしなくては答えられないひともいるんですね」というのが、Fさんの感想です。

前者のように限定のない大きい訊き方をすると、自分の話したいところから自由に話せるひとがいます。例えば「ベテラン配車担当者」は初めの大きな質問から、「傭車《ようしゃ》と空車によるロスを少なくする工夫」や、「忙しい日、暇な日の勘の利かせ方」まで細かく話してくれたそうです。その話からFさんは、配車マンの巧みさは単なる勘ではなく、経験によるデータ集積の賜物《たまもの》であることを知り、そのノウハウはシステム上でデータ化するベースとなりました。

一方で答え方を限定した質問のほうが話しやすいというひとのほうが多いことも知っておいてください。Fさんは「『どうすればいいだろう』っていわれたって、何を聞きたいのかわからなければ、答えられない」という反応を数人から受けています。

そう反応した営業担当者に対してFさんは、「このシステムをつくるうえで、経済性を考えると、どういうリクエストがあるか」「お客さんと接していて、ここがこうなればいいなあ、というところは何か」というもう一段階絞り込んだ細かな質問から始め、とても効果があった、といいます。

営業担当者は「混載するのなら、お客にその料金的メリットが伝わるように料金システムの見直しをしてはどうか」と答え、その「言葉の本質」をていねいに明らかにしていったところ、「会員制にして、会員さま同士の混載を提案する。その場合の格安パッケージ商品をつくる」というプランが出てきました。

このように相手によって、こちらが知りたいことや質問の意図が的確に伝わるほうが答えやすいひとと、大雑把に訊かれたほうが自由に自分の答を探せるひとがいます。相手がどんな質問に答えやすいかを早めにつかんで、コーチのほうが合わせなければなりません。Ｆさんは、相手に合わせて柔軟に質問をクリエイトし、現場の声を巧みに引き出しました。

質問のスキルは、Ｆさんのように、課題が大きすぎて状況がみえてこないとき、あるいは、もっと具体的にビジュアライズしたいとき、取り組むべきテーマが多岐《たき》にわたっているときなど、非常に効果的です。コーチは、相手の言葉を当て推量することなく、具体的な映像としてみえてこない言葉はすべて本質を明らかにしていく、というくらいの心がまえでいてほしいと思います。

しかし、管理職や経営者には、コーチングの場面であっても「質問されたことだけ答えればいい！」「ひとの質問をよく聞いて答えなさい」などと平然といっているひとが意外に多いのです。それはスピードだけを重要視し、相手の心理を無視した方法といわざるをえません。気をつけてください。

さて、質問には「はい」「いいえ」の一言でしか答えられない質問があります。

あなたが帰ったときに、妻や夫がこんな質問をしたら、どう感じますか？「ご飯を食べないんですね」「残業したんですね」「先に寝ていいですか？」。家の中で「はい」「いいえ」だけの答がポツリと出てくる場面を想像すると、うすら寒くなります。

「あなた、ご飯をどこで食べてきたのですか？」「何時まで残業していたんですか？」「明日はどんな予定ですか？」では、どうでしょう。答は、「はい」「いいえ」の一言より長くなります。

当然、循環型になりますから、会話に膨らみや温度が感じられます。このように、「どこ？」「いつ？」「どう？」のように質問されると、会話は膨らみ、コミュニケーション量は増えます。言葉の本質を明らかにしていく質問は、このような疑問詞を使って行ないます。

ビジネスシーンでも部下は、「これについては……だな」「これはできないんだな」と「はい」「いいえ」の一言で答えさせられるより、「どう考えているの？」のように「どう」と訊かれると、自分のことを理解しようとしていると感じ、ひいては「信頼されて訊かれた」という印象をもちます。

質問は、「どう？　どこ？　何？　なぜ？　誰？」という疑問詞で訊くと、相手により深く考えさせることができるのです。コーチ自身もこのように質問することで相手に対する関心が深まっていきます。答が「はい」「いいえ」の一言ですんでしまう質問は、確認の場合だけに限って使うようにします。

投げかけた質問に対する答を聴く場合、コーチは自分自身がそれを本当に理解できているか、一部だけを聴いてあとは推察して全部をわかった気になっていないか、ということに気をつける必要があります。「当て推量」をすると、コーチと相手がまったく違うものを思い描いてしまい、効果的なコーチングになりません。

何が起こったかが明確でも、それを相手がどうみているか、どうしたいのか、そのひとにフォーカスしながら進めていくということにも気をつけなければなりません。

▼コーチは不安でも誘導しない

私がプライベートコーチングを始めた頃は、「こんな質問をして答が出てこなかったらどうしよう」という不安をいつも抱えていました。頭では「信じて」いても、クライアントが答を本当にもっているという実感をもてなかったのです。

ですから、クライアントの答を待つ沈黙は、とても苦しい時間でした。

最初は、待ちきれなくなって「質問の主旨はわかりますか？」と声を出したり、私が耐えきれなくなって、考えられる選択肢をいうこともありました。耐えきれないといっても、それはほんのわずかな間だったと思います。しかし、コーチをすると間が本当に怖いものになるのです。

「スタッフにやる気を出させる方法は何がありますか？」とクライアントに質問して、なかなか答が出なかったときがあります。「例えば、目標を大きく書いた紙をみえるところに貼りだすとか、成果をグラフにつけるというのはどうですか？」という具合に、私から選択肢を提示してしまいました。これはコーチングのスキルの中ではアドバイスですが、相手軸から出たアドバイスではなく、コーチである私の苦しまぎれの言葉でしかありません。

こういう訊き方をすると相手の思考を限定してしまうばかりではなく、相手がコーチに依存してしまいます。コーチが上司であれば、その傾向は一層強まります。

コーチは自分がもっている答や選択肢を優先させずに、相手がベストな答をもっていると信じ続けます。相手の視点を狭めるようなことをしてはいけません。

部下とのコーチングで沈黙が生まれたときに、「もう少し待とうか？」とか「ゆっくり考えて」と伝えるのはいい方法だと思います。すると、双方が安心して答を探すこと、サポートすることに集中できます。

相手が積極的に答を探そうとしないときに、コーチがあえて沈黙することも、潜在意識から答を探し出すことを促す手段になります。沈黙を破るのは相手です。コーチではありません。

また、私がコーチを始めたばかりのときには、答が確実にありそうなほうに話を誘導する、というミスも犯しました。「売上を上げるためにはまず、人材育成をしたい」という目標を掲げた女性経営者、Eさん（四五歳）に、「人材育成のためにはどんな手段があるか」というテーマでセッションを行なっていたときのことです。

私は、「Eさんは、今まであなたの会社で自分だけが主役のようだったと気づいたのですね。では、会社の主役は誰でしょう？」と質問しました。「従業員一

人ひとりに自分自身が主役なんだと思ってもらいたいです」「もし可能なら、従業員一人ひとりからどんな話を聞きたいですか？」「彼らがやる気を出すように、目標を訊いてみたいです」という具合です。

このやりとりの中に「従業員との個別面談」という行動プランに導きたい、という私の意図がみえます。流れだけをみると、違和感のないコーチングですが、Eさんの「従業員一人ひとりに主役であると思ってもらいたいです」という答に対し、私は「そのためにあなたができることはなんですか？」と訊くべきだし、「従業員と話をする」という行動の選択肢をコーチが出すべきではありません。

「質問」をクリエイトする能力はひとによって大きな差があるというのが、コーチを育てていてもっとも実感することです。相手に質問をする、ということを日常的に行なっていないひとは多く、発信にしか意識が向いていないひとは驚くほど大勢います。

そのひとたちは、いざコーチングとなると、相手の「問題」に対する答を自分の中から探し、その答に「誘導」できる質問を考えるという手順で質問をつくってしまいます。これは、コーチングではありません。結局、操作になってしまうのです。

上司が部下に、あるいは親が子に、先生が生徒にコーチングをする場合、無意識に、あるいは意識的に「誘導する」ことが行なわれがちです。誘導は、コーチングの仮面をかぶった操作です。コーチングされる側はコーチの意図を察しますから、コーチは自分の答のほうに話をもっていきやすいのです。その時点で相手は自分の潜在意識の深いところではなく、コーチの思惑を探ろうとします。それではコーチングの効果を得られないどころか、相手は「まんまと思いどおりのことをいわされちゃった」という感想をもちます。

コーチングによって相手が新たな視点をもつようにサポートするということは、相手の心の流れのじゃまをすることではありません。質問で広く深い視点を与えながらも、流れに力を加えない、ということを意識して行なってください。

▼コーチの直感は大切な味方

コーチは自分の感覚にも敏感でいてほしいと思います。相手の言葉から伝わるものだけではなく、声・空気・温度など相手から発信されるものをコーチ自身の身体や感情のセンサーでキャッチし、見逃さないことです。コーチの直感についての事例を紹介します。

ある生命保険会社の営業職（ライフプランナー）、Yさん（三六歳）のケースです。

彼は、セッションのたびにポジティブなことを的を射た言葉でいいました。表現力や語彙《ごい》力《りょく》が豊かで、ソフトな声の抑揚が耳にとても心地よく響くひとです。

Yさんの目標は売上五％アップです。達成できれば、Yさんの目標であるMD

RT（million dollar round table）という生保業界のオナーが与えられるところまできていました。Yさんは毎年、あと少しのところでこの称号を逃しています。「初めは順調なのになぜ瀬戸際で逃すのだろう」と私は考えていました。

「今、頭に描いている映像はどんな感じですか？」「MDRTの金のエンブレムマークの入った名刺を手にしている自分です」「それに向かって進むYさんはどんなふうにみえますか？」「楽しそうに仕事しています。私、お客さんと接するのが本当に楽しくて……、天職だと思ってますから」。その言葉はウソではないのですが、なぜか声の響きに温度がないなと私は感じました。

「Yさん、私の質問に対して、体裁のいい答を考えていませんか？」。Yさんはしばらく黙っていました。「時間が必要ならしばらく待ちます」と告げると、「そうしてください」といいました。

Yさんが再び話しはじめるまでの時間は、たぶん三〇秒ほどだったと思いますが、長い時間に感じられました。「私は、その場に合う答で繕ってしまうせいで、自分の本当の感情から離れてしまってるのかもしれません」と、Yさんが声を絞り出しました。それを聞いて私は「私がもっと有能なコーチだったら、Yさんの内面の感情にいち早く気づいていたのに……そして、もっと早く進んでいたはずなのに」と、申し訳なく思いました。しかし、そのことにYさん自身が気づいたことは、この日の大きな収穫でした。

「私は、話をするときに、あとに不都合が残らないことを重要視しているのかもしれません。つまり、上手くまとまることが心の平安にとって重要だったんです。うっかり本音をいって、シマッタと思いたくないのですね」。見過ごしてしまいそうな心の動きをYさん自身がキャッチできたことにも、私は感動しました。

Yさんは、厳格な父親に育てられたことや、そんな生い立ちにおいて「感情から生まれたての言葉」を出すのが恐くなったのかもしれないこと、今まであと一歩のところで踏んばりがきかないのも、とり繕ってしまう性格のせいかもしれないと話しました。

「改めてうかがいますけれど、今どんな映像ですか?」と再び質問すると、「大きな黒っぽいコンクリートの高い壁が目の前にある感じです……」。肩の荷を下ろしたようにYさんがいいました。

その後のセッションでは、その壁の正体、その壁を乗り越えるさまざまなアイデアについて話し合いました。Yさんは、自分の現状に目を向け、把握することで、今度は乗り越えるものの目測も見誤らなかったのだと思います。その年、彼はMDRTを手にしました。

私自身があとで振り返ると、Yさんは体温と鼓動を感じるような温かいおしゃべりと、少し温度の下がったおしゃべりになるときがあったのです。ふっと、それを本人にフィードバックしたいなと感じたのは、私のコーチとしての直感といえると思います。

コーチは、「いつもと違うな」「何か引っかかるな」「胸騒ぎがするな」「寒々しいな」「この言葉にヒントがあるかな」「ウソをついているのに、本人も気づいていないないな」「肩やノドに力みがあるな」――ピピッ……という自分の直感に敏感でいてほしいと思います。相手に正直に伝えることで、コーチングに新たな展開が生まれることがあります。

▼にせものの質問がいっぱい

トレーニングをしていると、「コーチングで部下が本当にやる気を出すんでしょうか？」と質問をするひとがいます。これは、「質問に名を借りた意見」と私は受けとります。「コーチングで部下がやる気を出すとは思えない」という意見が「質問」という仮面をかぶっただけなのです。

これに似て、ビジネスシーンでも「お客さんのところに、何度足を運んだんだ？」というタイプの質問があります。これは「お客のところに行く回数が少ないから、受注できなかったんだろう」という「質問に名を借りた叱責」です。「U社に提出する資料は、いつつくるんだ？」は「早く資料をつくれ」という催促です。質問は、いろいろな目的に使われます。

子どもに「どうしてこんな成績なの？」というのは、「こんな成績では許せない！」という「質問に名を借りた責め」です。「なぜ、こういうことになったんだ？」は、「こうなる前に回避する方法があったはずだ」という「追及」なのです。

上司が、質問のスタイルを使いながら別の目的の会話をすると、部下は受けとりにくく、抵抗感をもち、結果として純粋に「質問を目的とした質問」にも答えられなくなります。また、部下は仮面の下のメッセージを感じとってしまうため、意識が自分よりも上司の心理に向かい、「上司が納得する話を作文する」ことが目的にすり替わってしまいます。

本当に質問したいのなら、「……について、どう考えているのか話してほしい」というリクエストのかたちをとったほうが誤解を生みませんし、部下は質問の内容そのものにフォーカスできます。例えば、「お客さんにはどんなアプローチをしてきたか、聞かせてほしい」と質問すれば、部下は「何度足を運んだんだ?」と訊かれるよりはるかに答えやすいでしょう。

質問するときに大切なことは、あなたの「やりやすさ」よりも「答える側の心の状態」に焦点をあてるということです。あなたにとって訊きやすい質問と、答える側がよく引き出される質問は違うのです。

また、コーチが質問をつくることだけに意識が行っていては、それだけでアップアップしてしまいます。それでは、本当に聴くということにはなりません。矢継ぎ早の質問で相手に考える間を与えない、ということも起こりがちです。先に述べたようにコーチングにおいては、「沈黙」を恐れずに受け入れなければなりません。「受信側の心の状態を意識し」質問をして待つ、ということをあわてずに行なえるようになりましょう。

▼謙虚な答え方はコーチへの警告

コーチングをしていると、「間違っているかもしれませんが」とか、「大した考えではないんですが」「思いつきですが」などと枕詞をつけなければ本題に入れないひとがいます。

コーチングされる部下には、「こんなに高い目標を掲げたら、上司は身のほど知らずだというにちがいない」「成果の歩留まりを考えてリスクマネジメントしておきたい」「控えめな性格のほうが好感をもたれるだろう」などという気持ちが働いているのです。これでは、設定目標もそこそこのものになりますし、いつもどおりやっていて到達可能な目標ではモチベーションも上がりません。手を伸ばせば届く、ではなく、ハイジャンプを何度か試したら一度はクリアする、というぐらいの目標のほうがやりがいがあるのです。

「こんなことをいったら笑われるかもしれませんが」「間違っているかもしれま

せんが」「気分を害されるかもしれませんが」などという言葉が、部下がどういう心理のときに出るか、考えてみてください。あなたに大きいことをいえない遠慮があるとか、自分の評価は低いという自信のない状態かもしれません。

謙虚すぎたり、期待より大幅に低い目標設定を部下の責任ととらえず、あなたの日常のコミュニケーションに問題があるとしたらそれは何か、一度立ち止まって考えてください。そして、率直な意見や考えが出やすくなるように、ページング―承認のスキルなどを使ってなごやかな環境をつくってみてください。

▼どうしても口をはさみたくなってしまったら

自分が「答」をもっていると自負している管理職にとって、部下の答が不完全だと、「とてもゴーサインを出せない」あるいは「老婆心ながら……」といろいろな思いが脳裏をかすめます。部下の失敗は自分の減点、という環境ならなおさら「一言も、二言も」口をはさみたくなります。

「なんとか、間違いに気づいてほしい」とか「自分の答を伝えたい」という思いと「答を引き出したい」という期待が交錯してウズウズすることは、コーチングを実行していてたびたび感じるジレンマとなるでしょう。せっかく辛抱強くコーチングをしてきても、最後の仕上げで「こんなことに気づかないのか！」といってしまっては苦労が台無しですし、部下の自立も先送りです。

そんなときは辛抱して、相手がそれに気づく質問をクリエイトします。「君のやり方で考えられるメリットとデメリットは何か、一緒に考えてみよう」「この状況を継続すると、どんなふうになるだろう」などです。

そこを一緒に検証することで、上司の側にも「発見」があるかもしれませんし、部下が新しいアイデアを生み出す呼び水になるかもしれません。このとき上司は、自分の考えに誘導しようという心理を手放すことが大切です。

コーチングの質問は、裁判の被告人質問のように相手を追い詰めるためのものではありません。潜在意識の中を答を探して縦横に走れるように、相手を自由に、身軽にする「乗り物」だと思ってください。質問することで、相手が不自由になったり、窮地に追い込まれたりしては元も子もありません。

コーチングを学んだばかりの頃は、なんでも質問してしまいがちです。「こちらが訊きたい質問」が「相手が話したいこと」であるとはかぎりません。また、

「なんでもいいから、どんどん訊けばいい」という間違った考えをもつコーチがいることも否定できません。

例えば、TVのインタビュアーは、主に視聴者のために訊いています。インタビュアーは代表者として「自分自身の興味」を頼りに質問していっていいのです。ところがコーチングは、相手のために訊いています。ですから自分の興味のある情報を引き出す質問とはおのずと違ってくるはずです。

相手が苦痛を感じる質問攻めはコーチングではありません。質問のときにも、「相手軸」をもってほしいと思います。

さて、管理職が会議のファシリテーション（進行）を行なう場合、コーチングの質問のスキルによって、アイデアの抽出やプランのチェック・検討・統合を行なうと、よく機能する場合があります。

ただし、「決定」に関してはどうでしょう。場合によっては、責任をとれるひとのみが決定を下せるケース、多数決では決められないケース、反対が大勢でもゴーサインを出さなければならないケースなど、複雑な状況が想像されます。

「コーチングしていたら、その場合、どうすればいいのですか？」という質問をよく受けます。権限のあるあなたしか結論を出せない場合、コーチングを手放さなければならないと判断したなら、そうしていいのです。管理職が「決定」に伴うリスクをとれないのであれば、部下からの信頼を失うでしょう。その瞬間に、コーチではなくなりますが、手放す「選択」が意識的に行なわれるのであれば、別のマネジメントツールに自由にもちかえていいのです。責任を負う者が、なすべきことを承知していてほしいと思います。

組織は「ひと」という財産の集合体です。しかし、その財産を活かしきっていない組織もあります。上司が部下の成長と自立をサポートしなければ、部下は答を与えてきた上司以上になる可能性が低いといえます。組織が二〇世紀レベルにとどまってしまうということです。二一世紀型の組織は、個人の力の結集によってのみ成し遂げられます。個人個人のメンバーの可能性に経営者がもっと意識を向け、具体的行動を起こさなくてはなりません。個人の力を最大限に出し、結集させるには、日常の組織内コミュニケーションを「質問↕答」という循環型に変える取り組みから始めてほしいと思います。

12 Coaching

コーチングにおける
アドバイス

▼耳に届くアドバイスはスピード感が勝負

コーチングでは、「指示・命令」に近いことを決して行なわないか、意見をいわないかというと、そうではありません。コーチングでは、「アドバイス」や「リクエスト」というスキルになります。**「アドバイスする」**というスキルをみていきましょう。

「指示・命令」と「アドバイス」の決定的に違うところは、アドバイスは、相手のために行なうことであって、あなたのために行なうことではない、という点です。

プレゼントをもらうときのことを思い出してください。欲しいプレゼントは嬉しいけれど、役に立たない、あるいは欲しくないプレゼントほど迷惑なものはありません。つまりコーチングの「アドバイス」はあなたが発信したい情報ではなく、相手が欲しい情報、つまり嬉しいプレゼントでなければなりません。「相手を軸とする発想」（73ページ参照）から発信するのがコーチングにおけるアドバイスです。

コーチングスキルトレーニングで、「アドバイス」のエクササイズをしていたときのことです。「子どもと上手くコミュニケーションがとれない」という男性Sさん（四一歳）に参加者が順にアドバイスをしていきました。

その中に、「実は、私の息子も……、今は二〇歳を過ぎていますが、一五歳のときに、親とまったく話をしなくなりまして……」と語ることから始まって、「心情」「方法論」「結果の報告」「アドバイス」と延々と話したひとがいました。

そのひと以外には、「じっくり話を聴いてあげてほしい」「ご自分が一五歳のときを思い出してください」など、一〇秒ほどのアドバイスですませたひとが数人いました。

大勢からアドバイスを受けたSさんは、一〇秒ほどで話したひとたちのメッセージは、要点を覚えていましたが、物語を語ったひとの話は、アドバイスそのものよりも、最初のほうに聞いた「二〇歳を過ぎた息子がいる」ということだけを覚えていました。

長々とアドバイスをすることを説教といいます。コーチングには「説教」というスキルはありません。説教をしてしまうと、集中するところを絞りきれないために、相手の「聴く耳」さえもふさいでしまいます。アドバイスが的確に伝わらないばかりか、必要な情報までも入らなくなってしまうのです。

あなたにも経験があると思いますが、ひとは他人の話をじっと聴いていると、呼吸量が下がり、ストレスレベルが上がってしまいます。コーチングが相手のストレスレベルを上げる、ということになりかねません。

コーチングにおいてアドバイスは、すべて話を聞き終わったタイミング、つまり、背景や現状を聴き、フォローのタイミングで要領よくいう、ということが大切です。タイミングに関しては、「コーチングのストラクチャー〈構造〉」（274ページ）を参考にしてください。

▼客の答を最大限尊重したアドバイスだけが受け入れられる

さて、「ブライダルコーディネーター」は、結婚式をプロデュースしていく仕事ですが、お客が答をもっている仕事の典型です。この仕事をしているNさん（四八歳）が、どういう姿勢で「アドバイス」しているか、参考にしてほしいと思います。

Nさんは、「昭和の頃は、結婚式場側が企画するブライダルプランで九割がまかなえました。ところが今は、一〇組中九組のお客さまが、式場の企画以外を希望されています。都心部になるほどその傾向は顕著です」といいます。

結婚式を挙げるカップルのほとんどが、オリジナルのセレモニーやパーティーといったイメージをもっていて、他人とは違うものにこだわっているということでしょう。

ですから、Nさんの仕事はまず、ニーズを把握するところから始まります。どんなコンセプトで、どんな場所で、どんなムードで、どんな料理でやりたいのか。

ニーズの把握をしているうちに、とても実現不可能なことや、「しきたりをあまりに無視していて、両家の親族などからクレームがあるだろう」と予想される

12

ことがたくさん出てくるそうです。しかし、Nさんは、コーチングスキルトレーニングを受けてから、ニーズの把握のときにはとにかくすべてを聴くという立場をとっているのです。初めて会った日に全部を聴いて受けとめないことには、信頼関係がつくれないからです。

そしてNさんは、どんなに必要なことでも、お客の話の途中でアドバイスを挿入しないと決めているのです。

すべて聞き終えたあとに、お客の要望の中で実現可能なことと不可能なことを分けて、その理由を説明していきます。お客は、希望が叶わない場合でも、ヒアリングによって「Nさんは理解してくれている」という実感をもっているので、自分のプランに固執しなくなるといいます。

Nさんがそれに代わる案をいくつか提案し、その中から選んでもらうことでまとまるそうです。「すぐに出せる手もちカードの数が勝負です」とNさんはいいます。次回までプランを待ってくださいといっては、ビジネスチャンスは逃げてしまうからです。

Nさんは、提案を「アドバイス」のスキルで行ないます。つまり、お客が要求

コンセプトは○○で…
料理は ○○で…
実現可能
なのは…
案
案
案
案

したときに、必要なものだけを提案するというスタイルです。

それ以前にしっかりと話を聴き、ニーズを把握していれば「あれもこれもと迷うような提案はいらない」。むしろ絞り込んだ提案のほうが、お客は「希望を確かに理解してくれている」と感じ、一層の信頼感に結びつくのです。

ときどき「このドレスはこの花嫁に似合わない」と感じることがあるそうです。その場合もアドバイスを求められたときだけ、「お客さまの個性のほうが強いようです」とか、「お望みの式のコンセプトには、先にお召しになったほうが合いそうですね」と、相手が受けとりやすい言葉で伝えます。

Nさんは、自分の美意識を基準にして答えることをしません。Nさんは都会的で洗練されたひとですが、彼女は自分が「最善」と感じて選んだものがお客にとって必ずしも「最善」ではないと知っているのです。美に正解はない、というのがNさんの持論です。つまり「自分のセンスを押しつけることはアドバイスではない。〝答〟はお客の好みを反映したものだ」という線引きをしているのです。

Nさんのコーチングによるセールスの鉄則は、「聴く」ことです。聴けば聴くほどお客の満足度はアップするといいます。加えて、「決めるのは私ではない、お客さま」というポリシーです。

そして、「軽やかさの演出」が大切だといいます。話をしていて、婚礼の日が楽しくなるようなビジュアライズをどんどん行なうのです。コーチングスキルを使った営業において「軽やかさ」は重要な要素です。会話が重くなると、行動へ向かう熱意が冷え込んでしまうのです。コーチングでは、慎重になる場面はあってもネガティブになることは避けなければなりません。「恐れ」の気持ちに深くつき合いすぎると、モチベーションが下がり、行動に結びつきにくくなるからです。

たとえビジネスシーンでもNさんのようにコーチングを軽やかに進めることはできます。ビジネスシーンで「ワクワクするビジュアライズ」を不謹慎なこととして扱うような風潮があるとしたら、管理職はそこから変えてほしいと思います。

Nさんは、これらのコーチングスキルによって、結婚式を待つ二人にとって「とても会いたいひと」になっていくことに成功しています。

では、銀座のMさんの場合はどうでしょう。

「実はさあ、最近娘と上手くいかなくて……。中学三年になったら急にしゃべらなくなってきたんだよな」などと、Mさんを相手にお客はよく気がかりなことや悩みを話します。

部下にそんなことをいわれたら、あなたはどんな反応をしますか？　「うちの娘もそうだったよ」は、体験を共有している感じがしますが、部下は「うちの娘とそっちの娘を一緒にするな」と感じるかもしれません。

一般論や相手の体験にくっつけて語られることを、ひとはあまり好みません。

自分の人生の物語は自分だけの特別なものなのです。

あるいは「態度の悪い子どもには、一度ガツンとやったほうがいい」などと、家庭のことまで上司が指示・命令したら、部下はもう二度と身の上話など漏らさなくなるでしょう。

それよりも部下は受けとめたというサインで共有してくれるほうが嬉しいのです。

Mさんは、決して「私もそんな時期があったわア」とか「女の子は、放っておいたほうがいいわよ」などとはいいません。問題解決をしてあげようと思わないようにしているといいます。お客がそれを望んでいないことを知っているからです。

Mさんはひたすら「そう」「それから……」「で?」「ふ〜ん」と相槌を打ちます。たまに、「そう、娘さんがネエ」などとコーチングの「復唱」や「促す」スキルも使います。

上半身はちゃんとお客に正対していて、少し前傾しています。お客は、その相槌だけで、話を聞いてくれるんだと感じ、親身になってくれている、という印象をもちます。これはまさにペーシングのスキルを実践しているのです。

そして、お客は結局「まあ、もう少し様子をみるかな。母親とは上手くやってるし、不良っていうわけじゃないんだし」などと自分で答を出して着地するのです。

Mさんは、「カレシでもいるんじゃないの？ 危ないわよ、今は中学生だって……」などと、よけいな視点でお客を混乱させるようなことも決していいません。一言多いために失敗している管理職は参考にしてほしいものです。

「娘に何をプレゼントしたらいいかな。来週、誕生日なんだ」と直截《ちょくせつ》にアドバイスを求められたときだけ、「私は、中学生のときに、ブランド品の財布をもらったら、ちょっと大人になったようで嬉しかったわ」などと気の利いた反応をします。Mさんは、いつも話題をストックしておくことにも余念がありません。

私がみたところMさんは、お客相手にコーチングはしますが、コンサルティング、カウンセリング、ティーチングはしないのです。

コーチングをしていて一番迷うのが、アドバイスをしようかどうしようかです。もしあなたが、アドバイスをしようかどうしようか、と迷うところまできていれば、あなたはコーチとして、かなりのレベルまできていると思います。「部下の自立を妨げ、部下の考える力を失わせるようなアドバイスは避けよう」という段階までコーチとして成長しているからです。

プロのコーチの中にも、「アドバイスをどんどんしている」というひともいますが、そのコーチはクライアントの可能性をコーチの狭い枠におさめてしまう可能性があり、とても恐いことをしていると感じます。何より、「信じる能力」が不足しているといわざるをえません。

アドバイスが必要かもしれない、と思ったら、「何か、サポートできることはありますか?」とか、「知りたい情報があったら、なんでもお聞きください」と提案するのがコーチのやり方なのです。

コーチングの場面でアドバイスをしてみて、相手が「希望」をもてたら、それはいいアドバイスといえると思います。希望は、膠着した状態に風穴を開けたり、障害を乗り越えようという新たな活力となるのです。

13 Coaching

エネルギーロスを自覚する

▼エネルギーロスは成功を妨げる大きな原因

プロのコーチは相手の精神的基盤を強化し、「相手が自分の目標に向かって力強く進めるように、パワフルで、妥協や甘え、矛盾のない内面をつくりあげること」もサポートしていきます。

精神的基盤と聞いてもわかりにくいかもしれませんが、スキーを学ぶときのことを思い起こしてください。プルークボーゲン、パラレルターンやカービングターンのような、スキルアップのサポートが一般のコーチングだとしたら、それらの技術をうまく使うために、基礎トレーニングをして鍛えられる足腰の筋肉や体力・度胸などの強化が精神的基盤にあたると思います。精神的基盤を強化することで、私たちは目的達成に全力で向かっていくことができるのです。

さて、この項では「エネルギーロス」についてみていきます。エネルギーには肉体的エネルギーと、エモーショナルエネルギー（情緒的エネルギー）があります。私たちの日常には、気づかずに自分自身のエネルギーを無駄に消費している場面が多くあります。とくに、エモーショナルエネルギーは、なくなりかけて初めて枯渇状態に近づいていると知ることが多いのです。

この限りあるエモーショナルエネルギーをいかに無駄に費やさずに、もっとも達成したい目標に投じるかが、コーチングでは重要なポイントになります。前述の精神的基盤を強化することで、このエモーショナルエネルギーの無駄な消費も減らすことができるようになります。

また、エネルギーロスの状態を知り、自覚することで、エネルギーロスを避け、つまらない行動や、内面の感情の嵐から逃れることができるようになります。それにはまず、どんなところでエネルギーロスが起こっているか、自分自身で知ることが大切です。

▼あなたが落ち込んだとき、あなたはどうなる？

私たちは、睡眠や食事で補給している肉体的エネルギーには敏感ですが、エモーショナルエネルギーには鈍感です。心が元気なとき、つまりエモーショナルエネルギーに満ちあふれているときを考えてみてください。やる気満々で、プランが豊富にわいてきて、勇気がみなぎり、行動へと向かいます。

エモーショナルエネルギーが枯れると、私たちは言い訳を探すようになります。「同僚の力不足でできない」「競合が進出して売上が上がらない」「体調がすぐれない」などです。言い訳を考えるという行動は、その障害より自分の力を過小であると自ら認めることであり、「チャレンジする前に降参している」状態です。ですから、可能性にチャレンジする生き方を選ぶのなら、原因を自分以外の何かのせいにすることをまずやめます。

また、仕事は上手くいっているんだけれど、なんとなく気分がふさぐ、ということはありませんか？　そんなときは、「気がかり」「ふさぐ原因」がどこかにあるのです。それを放っておくと、上手くいっている仕事のほうにまで影響が及んだり、足かせになったりすることがあります。これがエネルギーロスです。

▼エネルギーロスでは何も手につかない

ここでは、エモーショナルエネルギーがどんな原因でダウンするのかについてみていきます。

まず、非常に多くのエモーショナルエネルギーをロスする「未完了」についてです。そうと知らずに放っておくと、未完了は私たちの「未来の可能性」を侵略者のように喰い潰してしまいます。

私たちが日々よく経験する小さな未完了について、二六歳の女性、Eさんのケースです。

Eさんはワーキングホリデイの制度を利用して留学することを目標にしていました。プライベートコーチングを始めた頃は少しあやふやな目標でしたが、資料を集めたり、制度について詳しく調べたりするうちに留学する意志がしっかり固まり、留学先をカナダにするかオーストラリアにするかで迷っていました。そのためにEさんは、実際に現地で過ごしたひとに直接会って話を聞くなど、積極的に行動していました。そんな折りにボーイフレンドとささいなことで大喧嘩をしてしまいます。

このときは「何も手につかない」というのが彼女を表している言葉でした。もちろん仕事はそつなくこなし、問題は起こしていません。ただ、心の中は「何も手につかない」状態なのです。

Eさんは、留学したいという願いを叶えるために何年間も資金を貯め、その手続きをするところまできていました。それまでの彼女は「いっぱいのエモーショナルエネルギーを自分の目標達成のために存分に使っていた」という、まさに気力が充実した状態だったのです。しかし、ボーイフレンドと喧嘩をして修復できずにいる彼女は、まるで「エネルギーの入れ物」にひびが入り、それまで目標達成のために常にいっぱいにしてきたエネルギーが、そのひび割れからポタポタと漏れ出てなくなりかけている、というようにみえました。たとえ原因はつまらないことでも、ひび割れから気づかずに漏れ出ているエネルギーは想像よりずっと大きいのです。

家族やパートナー、友人など、大切なひとと感情の齟齬があったときのことを思い起こしてください。後悔したり、心の中で思い切り相手の悪口をいってみたり、いつ謝ろうかと考えたり、その勇気がなくて立ち止まったりと、「怒り」「不安」「後悔」「恨み」などの思いが出来事の周辺でぐるぐる回ってしまいます。ほかの出来事で気がまぎれたり、考えないようにしようと気晴らししたりしても、結局「未完了」が根本的に解決しないかぎり、すぐにまた同じところをぐるぐる回ります。そんなとき、エモーショナルエネルギーがどんどん漏れてなくなっているのです。

Eさんが「何も手につかない」という心の状態であるのは、ボーイフレンドとの喧嘩が未完了となり、その未完了がエネルギーを使ってしまっているからなのです。

Eさんのように、気がかりがあり、目標にエネルギーを集中できない状態を「未完了」といいます。未完了にはいろいろな種類や大小があります。例えば、お歳暮の礼状を出していない、などという小さな「未完了」でもエネルギーロスとなり、私たちの行動を制限します。

過去の出来事で自分の中で終わっていないトラブルも未完了になります。誰でも過去に「終わっていない」という感じをいくつかもっていると思います。友人に対する不信、親に対するわだかまり、自分を捨てた恋人に対する恨み、理不尽だった上司への復讐心など、「踏みにじられたと感じる体験」です。

これらは、普段は忘れているのに、気が弱くなったり、上手くいかないことに遭遇したり、ここ一番の勝負という大事なときになると、決まって嫌な感情を伴ってよみがえる記憶です。それが頭をもたげると私たちは、エモーショナルエネルギーが漏れ出てダウンするのです。未完了をそのままにしておくと、入れ物のひび割れはどんどん広がり、気づかずに日々、あなたのエネルギーを減少させます。

さて、Eさんはというと、ボーイフレンドとの喧嘩を解決することで未完了を完了させ、カナダに旅立っていきました。

▼過去の未完了は人生までも翻弄する

肉親との間に金銭貸借問題で訴訟を抱えているKさん（四一歳）のエネルギーロスは、とても大きなものでした。

13

「子どもの世話から手が離れたので、仕事をみつけて社会復帰したい」というのがKさんのプライベートコーチングを受ける動機でした。しかし、未来の話をしていても言葉だけが虚ろに出ている感じで、目標に対する熱意が感じられないのです。「できない言い訳」を考え出すことに関してはとてもよく頭が回るのですが、目の前の障害を乗り越えようとしません。

Kさんは、数年前、事業を行なっている姉にクレジットカードを貸し、姉がそのカードで借りた債務を誰が負うかで裁判になっていました。それ以外にも親族やパートナーといくつものトラブルを抱えていて、ここ何年間かは気の休まるときがなかったといいます。

Kさんはもてあますほど時間があり、能力も体力もたっぷりあるのに、「金銭問題、骨肉の争い」という過去の未完了にエモーショナルエネルギーをもっていかれて、未来へどうしても踏み出せないのです。

未来の可能性は心に「スペース＝空間」がなければ生まれません。未完了を抱えていると、未来のためにあるはずのスペースが「過去の未完了」によって埋められ、可能性が生まれる空間がなくなります。未完了は、まさに私たちの可能性を喰い潰す侵略者なのです。Kさんは心の空間を未完了に奪われている状態でした。

Kさんは、セッションの予定以外の時間によく電話をよこすクライアントでした。そして、「なぜ、姉にクレジットカードを貸したのか」「姉がなんといって頼んだのか」「いかに自分が肉親思いだったか」を繰り返し話すのです。

このとき彼女が欲しいのは「慰め」と「あなたは正しい」という言葉でした。それをコーチから引き出すために時間を費やすのです。「慰め」と承認が欲しいのは、彼女のエモーショナルエネルギーが枯渇し、心が補給を求めて悲鳴をあげている状態だからでした。

▼未完了をもち続けることで得られていることと失っていること

ここで見過ごしていけないことは、彼女が得られている「慰め」と「正当化」の代償として失っているものもあるということです。

「慰め」をいつも他人に求めるひとは、友人を失うでしょう。「正当化」のために労力を使うとエネルギーも時間も失うでしょう。そんなことにこだわる自分を客観的にみると、「自己肯定感」を失うでしょう。そして、「未来の可能性」「張り合いのある人生」までも手放しているのです。

私たちは未完了に手をつけずに、別の方法でなんとかエモーショナルエネルギーのバランスを保とうとしますが、それはその場しのぎにしかなりません。

Kさんは、過去の出来事に「自分の中で終わっていない」という感じをいくつももっています。社会復帰したいのに上手くいかないという現実に遭遇すると、決まって、それが言い訳となって頭をもたげるのです。

エネルギー不足のKさんは、「人生にとっての重要性」を考えて動くということができない状態でした。「その場の緊急性」だけが彼女を行動させる動機となり、いつも目先の出来事に反応して右往左往していました。そして、周囲から得られる「慰め」中毒となり、それを求めて放浪しました。残念ですが、彼女は私とのプライベートコーチングでは目標へ到達することはできなかったのです。

▼未完了を意識することでエネルギーロスをなくす

Kさんのようなケースは、ビジネスシーンでもよくみられます。経営者によくあるのは、社員の採用や新商品の開発、新分野の開拓など、ここ一番というときに、パワフルに進めないというケースです。

新しい物事にチャレンジしようという場合、不確定でみえないものはたくさんあります。この不確定要素は、恐れとなって私たちの行く手を阻みます。

コーチは、「失敗した場合、相手にとって考えられる最悪の事態は何か」ということをみていきます。「最悪の場合、与える影響がどういう範囲に及ぶか」「上手くできなかったらどんなことが起こりうるか」「覚悟はできているか」などという質問を組み立てます。コーチングはポジティブなことしか扱わない、という誤解がありますが、このような質問で前進のための障害を明確にすることもよく行ないます。恐れの正体がわかれば、その障害に対する対処法もみえてくるからです。

それでも不安が拭いきれず、結局自分の中でゴーサインを出せないひとがいます。これは**「先どりの心配」**がエネルギーロスになっているのです。これも、過去の失敗した経験が未完了となって、「心配」に形を変え、未来の可能性のスペースに居座っているのです。過去の失敗は、そこから学ぶことと、そこで終了すべきことを切り離して、完了しておく必要があるのです。

あなたの未完了を意識してみてください。意識することで、エネルギーロスをなくしていくことができます。その原因となったひとたち・出来事を許し、それを言い訳に使うのをやめると決めます。勇気をもってコーチに話してみることも完了の助けとなります。

▼「妥協」に気づきエネルギーロスをなくす

ほかにも、コーチングにおいて、いろいろな要因がエネルギーロスを招きます。

何か人間関係のトラブルが起こるとき、あなたはいつも同じようなことを繰り返している感じがしませんか。

誰かと喧嘩をしてしまった、誰かに誤解されてしまった、陰口をいわれている、裏切られた——そんなときに個々のケースはさまざまなのに、「自分の心の状態」がいつも同じだと感じることです。

「トラブルがよく起こって、いつも従業員を怒鳴って、叱っている」という男性、Nさん（五〇歳）は、「そんなときにいつも同じ状態の自分を感じる」と思いあたりました。「実は、常に怒っているのが自分の状態だ」というのです。セッションをしているうちに、「従業員が自分を怒らせるのではなく、自分の怒っている状態にそれらの出来事が飛び込んでくる」ということに気づいたのです。

「いつも夫とのコミュニケーションで遠慮して、自分の本心を隠してしまう」という女性、Jさん（五四歳）は、「実は誰が相手でも、問題の本質から逃げているのが自分の状態だ」ということに気づきました。彼女も「逃げる」という自分の心の状態に、周囲とのコミュニケーションがかかわっているだけだということに気づいたといいました。

私たちは、自分が気づかない「自分の心の状態」にコントロールされています。何かあるとその状態に逃げ込むことで、「気づかずに妥協している」のです。こういった**「気づかずに行なう妥協」**も私たちのエネルギーロスとなります。

「今日は特上のお寿司を食べたいけれど、給料日前だからコンビニ弁当で我慢する」というように「自覚して妥協する」ことは日常的にあります。しかし、自分が気づかずに逃げ込む「妥協」もあるのです。それは「その心の状態に甘んじる」ということです。Nさんは、怒る状態に甘んじているのです。Jさんは、逃げることに甘んじているのです。

他にもさまざまな「妥協」があります。「自分の感情はつまらないものだとあきらめて、ひとに伝えることもあきらめてしまう」というひともいます。これは、「あきらめること」が妥協です。「自分は強くなければならない」という思い込みに支配されている、というひともいますし、「トラブルが起こるとひとのせいにする」という妥協をもっているひともいます。

「気づかずにする妥協」は、私たちのエモーショナルエネルギーを大きく減少させます。

あなたがトラブルを抱えたときに決まって訪れるあなたの心の状態を探ってみて、自分の妥協に気づいてください。妥協を意識することで、エネルギーロスをなくしていくことができます。

さて、「妥協」の一つなのですが、もう一つエネルギーロスをみていきましょう。

前述のNさんのように、「いつも怒ること」に甘んじているひとがいます。ひとは怒ると興奮して、精神状態がシャキッとなり、奮い立ちます。それが主客転倒して、自分を奮い立たせるために、「怒る」という手段をカンフル剤として使ってしまうひとがいるのです。奮起するために手近な方法をとっているうちに、**「怒ること中毒」**や「怒鳴ること中毒」になっているのです。

私の周囲にも、反対意見をもっている相手に対してムキになってしまうひと、仕事上の重要な場面を控えていると気が立ってしまうひと、初対面の相手に好戦的になるひとがいます。これは自分を奮い立たせるために「怒ること」を利用している「怒ること中毒」といえます。

怒ることで「相手を操作できる」ことは手に入れられますが、いつも怒っていることでエモーショナルエネルギーが減少しますし、周囲の人から補給してもらえるエモーショナルエネルギーも少ないのです。「勝つ」ことや相手をやり込めることを目的にコミュニケーションを行ないますから、周囲に恐れられます。腫れ物のように扱われますから、周囲と「思いの交流」をする貴重なチャンスを気づかない間に逃し、会話によって得られる成果が減ります。また、怒っている状態をいつかは自ら収拾しなければなりませんが、これもエネルギーのいることです。

怒ることで得られる結果は、怒らなくとも得られることです。失うことのほうがよほど大きいのですが、「怒ること」は習性になり、「ここ一番と奮起するときに怒る」という状態を自分でつくってしまいます。

「未完了」「妥協」「怒ること中毒」などをやめるためには、まず自分に意識を向け、自覚する姿勢でスタートします。

コーチングを行なううえで、部下がどうもやる気がないとか、温度が低いというときは、エネルギーロスの場合があります。また、本人が気づかずに、あえてエモーショナルエネルギーがロスするようなことを行なっている場面がありま す。そのときは、「慰め」や「勝ち」など手に入れられるものが目の前にあるので手を伸ばしてしまっているのです。同時に失っているものの大きさに気づいていないので、それはセッションの中でとりあげることをすすめます。部下の「エネルギーロス」を指摘するのではなく、「得られているものの代償として失っているものは何か」をテーマとしてとりあげることが効果的です。

エモーショナルエネルギーがたっぷりあれば、私たちは成功のための選択肢をたくさんクリエイトし、考えたり、行動したりすることを楽しみ、迷ったり、障害と対峙したりすることさえ苦にせず、前に向かって進むことができます。

エモーショナルエネルギーの落ちているひとは、言い訳にたくさんの労力を使います。そして、「やらなくてすむ」ということにコミットするのです。やらなくてすむ状態に自分を漂わせている間は人生に何も起こらないのです。

14 Coaching

コーチングのストラクチャー〈構造〉

▼効果的なコーチングの手順

ビジネスシーンで、部下に対してコーチングを実践する場合、重要なことは「行動」へと繋げていくことです。

ある企業の社内コーチと、社内のクライアントGさんとのセッションを見ながら行動を引き出すまでの手順を説明します。Gさんは英語力を上げて、国際部門に異動したいと考えていました。

①**コーチ**「Gさん、スクールに通って英語を身につけたいということですね」

②**Gさん**「将来的には海外に行きたいということでこの会社に入ったのです。異動になればもっと英語を使う機会が増えてくると

思いまして、スクールに通って社内の試験を目指して早めに行動しようと思います」

③**コーチ**「ゴールは、社内の試験の合格ですね。では目標とするその試験にパスするレベルを一〇〇とすると、今は？」

④**Gさん**「TOEICですと、まぁ一応八〇〇点は超えたのですけど、しゃべるほうですと、一〇〇のうちの一〇くらいかと」

⑤**コーチ**「その足りない九〇の部分はどの辺だと感じますか？」

⑥**Gさん**「そうですね。頭では分かっているんですけど、言葉にできないというか。恥ずかしさがあって。その点やはり数をこなすというのが、まだまだできていないのかなと思います」

⑦**コーチ**「数をこなすということが必要だとお考えなんですね」

⑧**Gさん**「そうですね、最近うちの課に二人外国人が入って、ちょっと練習したいなと思っているんですけれども、まぁ仕事が忙しくて」

⑨**コーチ**「あぁ、仕事が忙しくて、できないような状況なんですね。それ以外にGさんが考える、ご自身でまだこれが必要だと感じるものは何か

ありますか？」

⑩ **Gさん**「実践あるのみと。なんとか機会をつくります」

⑪ **コーチ**「そうしますと、読み書きのほうはある程度自信があって、あとは会話のスキルがプラスされると、ある意味鬼に金棒ですね」

⑫ **Gさん**「そうです。メールのやり取りなどは支障なく……」

⑬ **コーチ**「では、スクールで学ぶにあたって、何か心配はありますか？」

⑭ **Gさん**「とりあえず今の仕事と英語の勉強を両立できるかなということです」

⑮ **コーチ**「もう少し詳しく」

⑯ **Gさん**「これから一年間ぐらい、週数時間、今のプロジェクトに取られると思います」

⑰ **コーチ**「なるほど。ほかには？」

⑱ **Gさん**「今挙げたことを考えると、やる気がなかなか上がりません」

⑲ **コーチ**「その原因になっていることは何がありますか？」

⑳ **Gさん**「私以外のスタッフにしわ寄せがいくことですね」

～　中略　～

㉑**コーチ**「英語学習のやる気が上がらない原因は、一緒に働いている人にしわ寄せが行くということですが、乗り越えるために何か行動できますか？」

㉒**Gさん**「マネジャーに事情を話せば、もしかして補充の人員を雇ってくれるかもしれません」

㉓**コーチ**「いいですね。マネジャーに話しますか？」

㉔**Gさん**「はい」

㉕**コーチ**「どんなふうにいいますか？」

㉖**Gさん**「一週間に五時間ほど英語学習に時間を使いたいと思います。これは、いずれ会社への貢献になると思います。つきましては今の業務をアウトソーシングできる体制を半年間とってほしいのです」

㉗**コーチ**「今のいい方ですと、マネジャーが具体的にどういうサポートを依頼されているのか、よく伝わると思います」

㉘**Gさん**「はい」

㉙ **コーチ**「それに関する資源は何か必要ですか?」
㉚ **Gさん**「スキルのある派遣社員のリストもこちらで準備しようかな」
㉛ **コーチ**「いいですね。いつ話しましょう?」
㉜ **Gさん**「早い方がいいと思います。今週中に……」
㉝ **コーチ**「その話がうまくいったかどうか、メールでぜひ知らせてください」

コーチングの構造の要素は、次ページの図にある五つです。

コーチングを行なう場合、まず達成目標を立てます。

Gさんは「②スクールに通って、社内の英語の試験合格を目指す」という❶の「目標」を掲げました。図の目標の上の線が達成を表しています。

次に❷の「現状」の把握です。「今目標のどのあたりまで到達できているのか、できていないのは何か」を確認するのがこのステップです。「現状」グラフの部分ができていること、目標とのギャップがまだできていないことという考え方です。

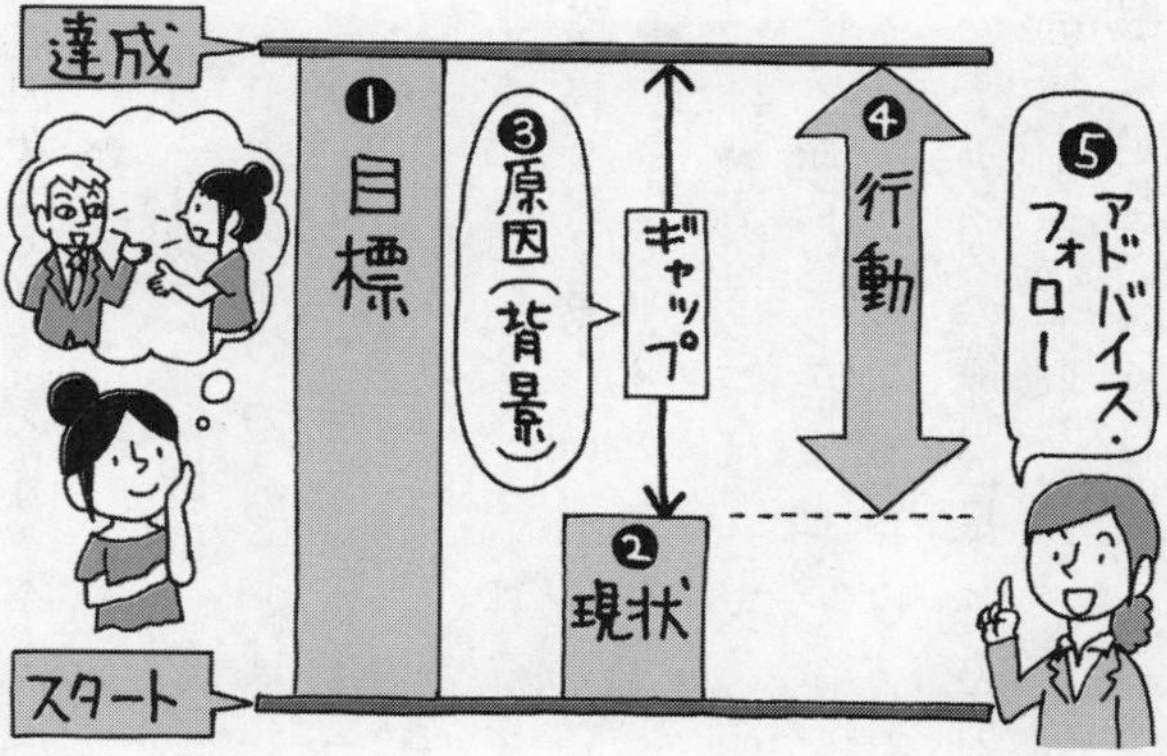

ここでは「④しゃべる方ですと一〇〇だとしたら一〇くらい」と、九割納得できていないギャップがあることを大まかに引き出したあと、具体的に「⑥恥ずかしさがあって言葉にできない」「⑧仕事が忙しくて、機会をつくりにくい」「⑱やる気が上がらない」と現状の「できていないこと」を引き出しています。コーチングでは、なにがギャップをつくっているかを本人に言語化させることが前進への力になります。

このケースでは、❸の「原因（背景）」はいろいろあることが想像できます。ここでは「⑳一緒に働いている人にしわ寄せがいく」を挙げています。もしいくつか原因が出てきた場合は、本人に「そのどれから取り組むか」を選択してもらいます。

❹の「行動」の選択肢は、「㉒マネジャーに事情を話す」ということです。

コーチングでの「行動」とは、「何をすべきか」が見えることだけではなく、「どうやるべきか」まで導かれることなのです。ここでは「㉕どんなふうにいいますか？」「㉙資源は何か必要ですか？」「㉛いつ話しましょう？」と細かな行動を引き出しています。それによって、取るべき行動がイメージ化され、最初の一歩が軽くなります。

❺の「アドバイス、フォロー」をします。フォローは目標達成の意志の確認と力づけです。ここでは、「㉝その話がうまくいったかどうか、メールでぜひ知らせてください」と依頼しています。また、相手にとってメリットがある情報があれば、このタイミングでアドバイスします。

コーチングの構造は足し算と引き算で組み立てていきます。「なりたい状態（目標）－現状＝取り組むべき行動」なのです。言い換えると、「現状に何（行動）を足していけば目的地（目標）にたどり着けるか」を引き出します。

しかし、背景に面倒な要因が絡んできたり、相手が「それは……ということですからできないですよね」などと言い訳めいた話を始めたり、「仮に……だったら」と仮定の話をしたりすると、コーチは話を訊いているうちに複雑に感じられ、「本題はなんだったんだろう」と軌道の確保にあわててしまいます。

❶〜❺の話は、コーチに都合のいい順には出てきません。相手の話を「どのパートか」カテゴライズしながら聴けることが、コーチに求められる重要な能力です。

また、コーチングでよくある失敗に、質問攻めにして情報の山を築いてしまい、その情報をコーチが整理できなくてもてあましてしまう、ということがあります。情報は多ければいいというものではありません。たくさん話してもらうと安心しますが、役に立たないものも多いのです。相手の人生は、わずか三〇分でつかめるものではありません。知りうる情報にはおのずと限界があるのです。

「なりたい状態（目標）－現状＝取り組むべき行動」の算式としてみえるように、話の枝葉末節と幹をよくきき分け、相手がそこにあるギャップを明確に認識できるように整理していきます。そのためにコーチは「主人公のそのひと」をみている必要があるのです。これは、のちほど**「相手を人生の主人公にする」**（302ページ参照）で詳しく述べます。

▼「目標」についてみてみよう

❶〜❺までの構造を順に詳しくみていきましょう。

まず❶の**「目標」**についてです。長いスパンの大目標を設定したら、三か月や一週間という期間での中目標、小目標を立てていくことが必要です。

部下との面談では、予測可能ですぐに行動に移せるレベルの目標を扱っていくのが効果的です。「売上一〇%アップ」が大目標だとしたら、「一〇日以内に、一〇〇万円以上の仕事を二本とってくる」などという現実的な目標です。ここで、相手が目標を定めることをサポートするのがコーチの役割です。コーチが目標を設定することのないようにします。

▼ときには卑近な目標から

先日、プレゼンテーションをした会社の社長の話です。「能力のある社員にはコーチングを使いやすいだろうけれど、現状で満足していて、自己実現なんて考えてもいない社員がいる。そういう社員に目標をもてといっても、もてるものではないのではないか」というのです。

その社長は、仕事に対し自分自身が常に高いモチベーションを維持し、自分の考えや目標をいつも誰かにアウトプットしているので、自分と違うタイプのひとの内面に思いいたらないのだと思います。

まず、現状を変えることを望んでいないように見える部下や、やる気のなさそうな相手のことを「不完全」と考えることは、コーチングではおすすめしません。コーチは、相手が望む「目標」がコーチにとって物足りなくとも、それを「完全なこと」として扱います。答に関しても同様です。

一概にはいえませんが、現状維持を望んでいるようにみえるひとには、卑近な目標設定が効果的な場合があります。当然、行動プランも無理のないものになっていきます。コーチにとって大切なのは、そのフォローを行なうことです。いつ「行動」するのかを確認し、「行動したら、すぐに報告してください」と、見守っていることを伝えておく。そして行動した場合には、Iメッセージで承認することも忘れてはいけません。

ひとの中には本人も気づかない「自己実現の欲求」が眠っている場合がありま す。あきらめや、自分の可能性に蓋をすることで「自己実現の欲求」が冷えている状態のひともいます。コーチングでそれを「熱いもの」にしていける場合もあるのです。Ｉメッセージによるコミュニケーションのエネルギーについて述べました（１４９ページ参照）が、上司がまず、インスパイアレベルのＩメッセージを発信してみてはどうでしょう。部下が設定する達成目標に変化が現れるかもしれません。

▼コーチングのテーマを明確にする

トレーニングでコーチングの実践を聞いていて、メリハリがないなと感じることがたびたびあります。コーチは流れにそって質問をしているのですが、なぜか漫然としている、ピリッとしない。

「今の仕事が向いているのかどうかわからない」というクライアントに対して、あるコーチがコーチングをしたときです。コーチは「どうしてそう思ったのですか？」「どうして今の仕事についたのですか？」「自分の強みを活かせる仕事はなんですか？」「今以外の仕事につくとしたら、あてはありますか？」という質問で構成しました。

クライアントは質問にそって、自分の状況を話していきます。要約すると、「今の仕事を惰性で行なっている気がします。仕事についたきっかけは、前職で人間関係に疲れていたときに、たまたま誘われたから。ずっとコンピュータ関係の仕事をしてきたので、それ以外の仕事ができるとは思えません。SEとしてのスキルには自信がありますが、今の会社を辞めても、次の就職先がみつかるとは思えないので我慢するしかないのかな」という主旨です。

こんなときはいつも「波間に漂う木の葉」のようなコーチングだな、と思います。コーチは最初に話した「今の仕事が向いているのかどうかわからない」というクライアントの現状や背景を質問しながら、質問を掘り下げていくポイントを探ろうとしているのですが、いつまでも周辺を回っているだけなのです。

クライアントも質問に答えながら、だんだんとじれったい感じがしてきます。なんのために話しているのかがわからなくなるからです。

このコーチングの問題は、「今の仕事が向いているのかどうかわからない」という情報だけで、コーチングに突入してしまったことなのです。クライアントが「何を明確にしたいのか」「このセッションの中でどういう成果を手に入れたいのか」という「コーチングのテーマ」がみえていないのです。見切り発車のまま質問を開始しても、話をしていればそのうち何かがみえてくる、ということはありません。コーチの姿勢が安易だと、このような目標のみつからない漂うようなコーチングとなってしまいます。

「今の仕事が向いているのかどうかわからない」とクライアントがいったなら、テーマのみえないこの話からコーチは一歩進め、「では、この短い時間に、何を明確にしますか?」と互いのコンセンサスをつくる質問をします。そして相手から、例えば「転職できるか、できるとしたらどういう準備が必要か、考えるきっかけにしたいです」などという、そのセッションの明確な到達点（セッションごとのテーマ）が出てきてからコーチングを始めます。

部下をコーチングする場合、セッションごとのテーマの提案は上司が行なうこともあります。「昨日の会議で議題になった新しい商品について、君の意見を詳しく聞きたいんだが、今いい？」という具合にです。セッションを始めたらまず、毎回この「セッションごとのテーマのコンセンサス」をつくります。

セッションの途中で話題が変わったときも「テーマ」の確認をしてください。部下が「今週は新たに問題点が出てきまして、B社へのアプローチが思ったとおり進まないんです」などと途中で話題を変えます。コーチは「思ったとおり進まない」という現状から、何を明確にしたいかを一歩進めて確認します。

例えば、「その件についてどういうふうにコーチングしていきますか？」と部下に訊いてみるのも「そのセッションのテーマ」を明らかにする効果があります。「進む妨げになっているものを考えたいですね」「障害をどうしたらとり除けるか、一緒に考えてくれますか？」という提案が部下から出れば、テーマのコンセンサスとなります。

プロのコーチの中にも、相手の話したいことをただ聴いていればコーチングは機能する、という誤解があります。「波間に漂う木の葉」のようなコーチングは、時間を浪費し、効果的な結果を得られないのです。

▼「現状」についてみてみよう

次に❷の「**現状**」の把握です。「今どこにいるのか」を確認するのがこのステップです。目標と今をはっきりとした並列の図で描いてみることによって、そこに「いい緊張を生むギャップ」がみえてきます。私たちは、ギャップがあるからこそ、それを埋める行動をクリエイトしようとするのです。

この「いい緊張」は、コーチングの継続のためのエネルギーとなり、ギャップが明確であればあるほど、緊張は具体的行動のクリエイトにつながります。「目標」から「現状」を引き算してギャップを明確にみせてあげ、緊張を維持していくのがコーチの仕事といっても過言ではありません。

現状把握が、目標達成や問題解決の第一歩です。部下と定期的に行なっているコーチングの場合でも、セッションごとに今どこまで進んでいるのか、質問し意識してもらいましょう。

また、常に近くで仕事をしていて上司が部下の現場を把握しているからといってここをスキップしてはいけません。必ず部下本人のことばで現状について語らせ、上司は余計な評価をしません。

す。コーチングをしていて、どうも行動に結びつきにくい、という場合がありまその場合は、目標設定か現状把握を誤っていることがあります。「今どこにいるのか」「そこと目標との距離を見誤っていないか」を確認します。

コーチングの相手が立っている「足場」を確認することで、現状認識を確かにすることができます。つまり、「今どこにいて何ができるのか」を考えていきながら、「自分自身の能力や資源」という手もちカードを再確認することです。カードの確認によって今の足場がしっかりみえてくれば、より適切な行動プランをみつけられるようになります。

▼「原因（背景）」についてみてみよう

❸の「原因（背景）」を探る場合をみていきましょう。
ここでは、「本当の問題は何か」を探ることが大切です。ひとはあわてていたり、不快感だけと戦ったりしている場合、原因や背景を自分でもしっかりとつかんでいない場合が多いので、コーチは問題の本質を見極めることが大切です。

「現状」と「なりたい状態（目標）」とのギャップを引き起こしている原因を聴いて、障害を排除すると進みやすくなります。「困っているんです」「問題があるんです」などという漠然とした話の場合は、具体的に質問をしてその内容をしっかりつかめるようにしましょう。

また原因は一つとは限らないので「他にありますか？」と質問してできるだけすべて抽出します。

背景を質問すると、周囲への不満や悪口を話し続けるひとがいます。いわゆる**愚痴**です。愚痴は、何かの願いが潜在していて、それを上手くコントロールできない場合に出てきます。自分の人生を自分でオペレートしていない（３０４ページ参照）ひとといえるでしょう。だからといってコーチは、それを叱るような立場にはありません。コーチングの時間は「相手のもの」なのです。

ただし、ダラダラと過去形の話だけで進んでいて、コーチが「前進」に結びつかないなと感じたら、それをメッセージで伝えてもかまいません。「核心からそれている気がしますけど、このままこの話を続けますか？」「行動プランまで進めたいということでしたが、この話はそれにとって価値のある話ですか？」などです。あるいは、「改善したらよくなりそうなことはなんですか？」など、意識して未来形に変えていくと、前進感のないコーチングになるのを避けることができます。

「愚痴」をアウトプットすることで、「精神の浄化」に役立つひともいますし、その間に「自分」がみえてくるひともいます。コーチに愚痴を受け入れられることが、安心を生み出す大切な時間となることもあります。

愚痴はコーチングの場面では、やっかいな存在ではあります。ただし、どうしても聴いてほしい愚痴を話せないようなコーチでは、相手にとってコーチとしての価値はありません。

▼「行動」についてみてみよう

❹の「行動」を起こすための選択肢を選びます。

上司は行動のアイデアが出ると、「そんなのは駄目だ」とか「不可能だよ」などと反応しがちですが、決して否定してはいけません。まず、すべての行動プランを受け入れてください。あなたの古いやり方や固定観念よりも機能する答を部下本人がもっていると信じることが重要です。

ある宅配業者の「お客さま係」の管理職Oさん（五二歳）がコーチングしているときに、部下から「苦情を訴えたお客さまには、その解決方法まで訊いてしまう」というアイデアが出てきました。Oさんの既成概念ではとうてい許容できるものでなかったのですが、ぐっとこらえ、否定しませんでした。

そして、現実に試してみると、それはまさに正解だったのです。電話をかけて苦情をいうお客は、「こうすべきだ」「こういう対応をお客は求めている」という意見をもっているので、解決策までしゃべると、「すべて聞いてもらった」「しかも役に立つことまで教えてやった」という満足を得ているということがわかったのです。

行動の選択肢を探すときは、答とは思えないものも部下から出てきますが、上司がそれを受け入れることがベストアイデアの誘因になることを覚えておいてください。「受け入れる」ということは、同意するということではありません。そして待つ姿勢をコーチがもつと、相手からクリエイティブなプランが出てくることが多いのです。

次に、行動を起こすための資源についてみていきましょう。

資源にはいろいろありますが、コーチングでは、ひとの力を借りること、サポートを求めることもそのひとの資源として扱います。資源があること自体がそのひとの実力なのです。私たちは「自力・独力」に強くこだわる傾向がありますが同僚、友人、上司、運など、利用できるものはすべて資源です。「依存」ではないサポートの依頼なら、それを恥と思う必要はありません。

その他の資源として、モノ、金、時間、情報、人脈、過去の成功体験など、目標達成のために使えるものを挙げてください。ルーチンワークでは、意外にいつもの手順に縛られ、使える資源を利用していないことがあります。

ここでは、いつものやり方にこだわるワンパターンから脱出することも考えに入れてください。最終選択としていつものやり方におさまる場合でも、複数の選択肢、代替案を検討することで、新しい発見につながります。

資源がみつからない場合、それをみつけるための情報収集をする必要があります。その情報源も資源です。例えば「何かを習いたいけれど、どこがいいのかわからない」場合、それを知っているひと、それを調べられるＨＰ、資金の調達、それに関して時間をつくるためのサポートをしてくれるひと、すべてが資源です。何を使えるか、利用できるか——「行動プラン」では、資源を明確にすることによって、より行動が軽くなります。

▼過去の経験を味方にする

何か新しい行動プランを考えようとしても、なかなか思い浮かばない場合があります。その場合、**「過去」**という資源も利用できることを覚えていてください。

「ゴルフが上手になって、今年の社内コンペではブービー賞を返上したい」という目標のKさん（二八歳）の場合を考えてみましょう。

Kさんは、いつも一三〇を超えるスコアでした。原因は右へのOBが多いことと自己分析していました。Kさんは、ティーグラウンドに立つといつもOBしないようにと、そのことだけに集中しています。「自分で自分を叱ってプレイしていた」とKさんは振り返ります。ひとは「やめよう」と意識すると、かえってそこに意識を集中させてしまい、繰り返してしまうのです。

Kさんは、数か月前にゴルフを始めたときには、「ビギナーズラック」で一二

○を少し切るスコアで回れたという経験をしていました。この経験は、資源になりうる「過去」といえます。

セッションではそのときのことを、自分の身体がどういう感じだったか、心理がどういう状態だったか、細かく思い出してもらいました。「足の位置、足が地面を踏みしめている感じ、クラブを振る一連の身体の動き、風圧をどう感じたか、球の飛び方をどうイメージしていたか、グリップを握る手のひらの感じ、肩、腰、軽やかさ、重さ、心の動き」などいろいろな方向からみていったのです。

ティーグラウンドに立ったときに、自分自身がゴルフコーチとなって自分に無理な指示を与えるより、自分の中にある「成功体験」を思い出して活かすほうが、ずっと効果的といえます。事前にコーチに話すことで、成功体験はよみがえりやすくなるのです。Kさんは、今年に入ってから好スコアを重ねています。

私は、プレゼンテーションなどで緊張するときには、いつもこの方法を使っています。つまり、上手くいった「過去の成功」を資源として利用するのです。そのときを思い出してポジティブなストーリーをつくり、緊張をやわらげます。

「過去」は私たちを力強くサポートしてくれる味方です。

もう一つ資源について例をあげましょう。

「部下との関係がギクシャクしてしまう」ということに悩んでいた医療機器メーカー勤務の女性、Jさん（三七歳）が取り組んだ目標は「部下をサポートする方法をみつける」ということでした。

具体的には「医師と面談にまでこぎつけることができない部下」を対象にサポートをしたいということでしたが、なかなか行動プランが思いつきません。

Jさんは、その会社の女性管理職ではもっとも年齢が低く、異例の抜擢でそのポストについていました。第一線で営業していた頃は、積極営業で顧客開拓していたため、「面談してもらえない」などと「入り口で足踏みしている部下」を理解できずにいました。

セッションで「Jさんが、上司との関係で嬉しかった経験」の話になりました。「入社三年目くらいの頃、それまで同行営業していた上司のWさんが、『もう一人でいいだろう』といってある病院をまかせてくれたのです。信頼されたことが嬉しくて、張り切っちゃいました。いい結果も出せました」とJさんは答えました。「その方法は使えないですか?」とたずねると、「ええ。ですから、私も同行営業をなるべく控えて、まかせるようにしています」という返答でしたが、私が「Jさんが張り切ったのは、同行営業ではなくなったからですか? それとも、信頼されたからですか?」と訊くと、Jさんは「あっ!」と驚いたあと、「Wさんから学べることは、信頼を部下に伝える、ということで、営業の方法ではないんですね」と気づきました。

それから、Jさんは、「Wさんを手本として」部下を信頼してサポートする行動の選択肢を次々とクリエイトしました。例えば、「キャリアのある部下にはビジョンを創造する手助けをする」「キャリアの浅い部下には、同行営業のときに細かくコーチングし、場合によってはティーチングも行なう」というものでした。

コーチングのときは、そのひとの過去から資源をもってくることもできるのです。

▼「フォロー」についてみてみよう

❺の「アドバイス、フォロー」についてです。フォローは行動の意志の確認と力づけです。駄目押しである場合もあります。アドバイスについては、２４６ページの「コーチングにおけるアドバイス」を参考にしてください。

上司が部下に仕事をまかせる場合、最終締め切りだけを示すのではなく、チェックポイントを設けることが有効です。「いつ、○○さんに電話をするのか」「明日の一〇時にかけます」と具体的な日時を言語化することで、状況は一歩進んだといえます。やる意志を確認し、確実にそれが行なわれるように随時サポートすることが重要です。

もし、行動を起こせなかった場合には、「その原因」「それをとり除く方法」について考えます。問題があったときこそ、こまめにフォローをする必要がありま す。とくに、実際に取引先との交渉にあたる部下は、上司のフォローの一言や、見守る姿勢があるだけで、どれほど心強く感じるかしれません。

フォローに関して、「部下にまかせるといったのに、いちいち経過を確認するのは、信頼していないようで抵抗感がある」という管理職は大勢います。

しかし、トレーニング受講後に「上司がコーチとなったことでどんな変化が起こったか」というアンケートをしたところ、「週に一度の短いコーチングと、日々の会話でも、自分専属のメンター（後見人）が一人いてくれているような心強さだ」という反応が返っています。

部下にとって、仕事を熟知している上司が自分のコーチという立場をとり、フォローしてくれれば心強く感じますし、取引先に出陣するときも勇気がわくというものです。さらに、上司が「結果に関心をもっている」ということが伝われば、部下の行動にも熱が入ります。

さて、部下は目標に向かって行動しているとき、さまざまなネガティブな感情にさいなまれます。現状と目標との間にあるギャップがつくる緊張は、ときとして不安・諦め・脅威などを生むからです。このような感情の波によって、部下は設定したバーを下げて負担から解き放たれたい、と逃げ道を探すことがあります。もうひとがんばりのところなのに、そんな衝動に動かされる経験は誰にでもあることでしょう。

部下がこのようなネガティブな感情の波に「耐性」をつけていくことこそ、仕事人として大きくなっていくチャンスです。そんなとき上司であるあなたの経験が活かされます。あなたしか伝えられないメッセージを、このフォローのタイミングで、部下にプレゼントしてあげてほしいものです。

指示や命令に時間をかけ、フォローをしないというのは、「操作型」と「放任型」の悪い部分を合わせただけのかかわりです。フォローは、過保護ではなく、必要なサポートであると心得てください。

フォローのスキルで、銀座のMさんに学ぶべきものがあります。

「最近、あの店にご無沙汰だなあ」と思っていたら、そこのホステスさんから「今夜、ご来店をお待ちしています」という電話があった、という経験はありませんか。これは、まさに「フォロー」のスキルです。電話があると、ふっと足がその店のほうに向かいます。つまりお客にも、「行く意志」はあるのです。Mさんはその意志を電話で確認し、確実にそれが行なわれるように「サポート」しているのです。

フォローのスキルが、いかに行動を促す駄目押しになるか、実感できると思います。まさに行動の意志の確認と力づけです。いってみれば背中の一押しです。

また、Mさんは名刺には携帯電話の番号やメールアドレスは刷らず、お客の前で名刺に書き足します。お客の携帯電話を借りて、直接自分のメールアドレスを入れる場合もあります。その場の状況やお客によって変えることで、お客は「大切にされている」「特別扱いされている」という印象をもち、店に予約電話を入れるという行動の意志が強化されます。部下に対してこのくらい臨機応変にフォローしてみませんか。

15 Coaching

相手を人生の主人公にする

▼自分の問題としてとらえる

私の会社のトレーニングで参加者にコーチングをしてもらったときのことです。クライアント役は「会社を大きくしていきたい」という目標をもっている老舗菓子店の三代目社長、Bさん（四三歳）。コーチ役は、食品メーカーの人事セクションの管理職Aさん（三八歳）です。

Aさん「Bさんは、仕事ではどういうビジョンをもっていますか？」
Bさん「拡大路線でいきたいと思っています。できれば駅に出店したいと思っています」
Aさん「じゃあ、会社はこれからどういうふうになっていくんでしょうね？」

Bさん「拡大の方向でいってくれればいいんですが、古い社員の中には保守的なひとたちがいて、実は今ちょっと不協和音が生まれています」
Aさん「不協和音とはなんですか？」
Bさん「いろいろな人間がいろいろな意見をもっていてバラバラなんですね」
Aさん「意見を統一するためには、状況がどう変わっていく必要がありますか？」
Bさん「会社の中でコミュニケーションが足りないんですよね」
Aさん「何がコミュニケーションの障害になっているんでしょう？」
Bさん「ずっとそれでやってきた社風のせいですね」

このコーチングは305ページのイラストのような感じになります。

大きいほうの島が「外の要因」、つまりBさんに無関係な要因。小さいほうの島がクライアントのBさんに責任がある「内側の要因」という図です。

前述の質問から引き出される答を想像してみてください。外の要因がBさんを置き去りにして独りで歩いて、いろいろな事象をつくっている図がみえてきます。しかし、コーチングでは、Bさんの周囲で起こって、Bさんの人生に影響を与えていることは、Bさんが責任をとっていくしかないと考えます。行動を起こして、自分から「変化の波」を広げていく。それが自分の人生の主人公として生きるということです。

Bさんが主人公なら、コーチの質問は「会社はどんなふうになっていくのか」ではなく、「これから会社をどういうふうにしていくことにBさんが取り組みたいか」「Bさんが望ましいと感じる会社の状態は？」となります。「不協和音の原因」を訊くのではなく「不協和音にBさんの責任があるとしたら、それは何か」「Bさんはそれをどうしていきたいのか」という視点が必要です。「状況がどうなっていったらいいか」ではなく「Bさんが状況をどう変えていくのか」を訊くべきなのです。

このコーチングでは、Bさんは自分の人生を主体的にオペレートしている感じがしません。これは、コーチ役Aさんの質問の主語がBさんではない、という言葉の言い回しの問題ではありません。Bさんの人生のオペレーターをBさんにす

る、つまりこのドラマの主人公をBさんにするという心がまえが、コーチのAさんには欠かせないのです。

コーチングの相手は、どんな人生であれ自分で「選択して」生きているのです。偶然や不運、周囲の反対のせいにしていては、相手はいつまでも他人のせいにした生き方しかできず、「自己実現の歩み」にはほど遠いものとなり、コーチングも力強いものになっていきません。

コーチが、「相手は主人公だ」という意識で質問や承認を行なえば、相手は自分自身をより深くみつめることができ、有意義で充実した人生を送ることになるでしょう。

▼コーチングとティーチング

コーチングのスキルを学んだあとであっても、「部下は自分より場数も踏んでいないし、知識も浅い、だから指示・命令して答を与えるべき」と、管理職はつい「操作主義」にもどってしまいます。もちろん業務上のコミュニケーションのすべてはコーチングではまかなえません。ただし、コーチングに絶好の場面でも従前の指示・命令式に依存している管理職は多いのです。

どういう場合にコーチングを使うか、あくまでティーチングを行なうのはどういうときか、管理職はその見極めを行なう必要があります。

半期に一度の目標設定や人事評価の面談になって、初めてコーチングを試すというのはおすすめできません。また、部下は、むずかしい問題をクリアするためのアイデアなどを急に質問されても、それに応じられる答をすぐにとり出せるところにもっているとはかぎりません。

直属の部下には日常的にコーチングスキルを使いながら、質問型の会話に互いに慣れておいたほうがいいでしょう。コーチングスキルによる会話は、むしろあまり大きくない課題から使いはじめてほしいものです。

コーチングに対し、「不良の生徒」に行なう先生の説教やカウンセリングのようなイメージをもっているひともかつていました。コーチングは問題のある部下に限って使うものではないのです。また、有能な人材にだけ行なう、というものでもありません。対象となりうる相手は部下全員だと考えてください。

コーチングは、今あなたが誰かを思い描いて、そのひとの「こんな課題についてはどうかな」と思っているほとんどすべてのケースに有効と考えられます。

社内で部署を越えてコーチングスキルを使えば、ナレッジの共有に役立ちますし、複数の部署が合同で行なうプロジェクトなどを成功に導くことにも寄与します。会議の場面ではコーチングスキルをもつ座長が、グループコーチングを行なってファシリテートすることもできます。

社内のさまざまな場面、日常業務におけるコミュニケーションで試してみることをおすすめします。

コーチングかティーチングか迷った場合は、まず相手に「あなたはどう思っているの？」と質問をして、コーチングを優先してみてください。「答」が相手から出てくれれば、その答はあなたが与えた場合より効果的に働いてくれるでしょう。そうしながらティーチングとコーチングそれぞれにふさわしい場面を感じとってください。

指針となるのは、部下の成熟度と仕事の難度の兼ね合いです。成熟度が高い部下にむずかしい仕事をまかせるときは、コーチングが機能します。キャリアの浅い部下が力量より上の仕事を行なう場合は、コーチングで進めながら、ティーチングも必要になります。

仕事の効率だけで判断していると、あなたがコーチングスキルを使う場面はなかなか訪れないでしょう。あなたのスケジュールにコーチングを行なう時間を意識して設けることが、コーチングスキルをアップさせるもっとも効果的な方法だといえます。

さて、最後はMさんの話で締めくくりたいと思います。

最近のIT用語はわからないものが多いですが、Mさんのお客にも関連業界のひとが多く、お客同士の話がチンプンカンプンなこともあるそうです。「……って何？」――Mさんは、何も知らない〝白いまま〟から訊きはじめるそうです。「それは、……のこと？」という当て推量はしません。

コーチも同様です。プロコーチはクライアントの業界に精通している必要はまったくありません。クライアントの仕事の話でわからないことがあると「別の言い方をしていただけますか？」「そこをわかりやすく説明してください」という具合です。そんなやりとりでは効率が上がらない、という意見もありそうですが、素人の素朴な質問に答えることで、自分でも意外なものがみえてくることは多いのです。相手が専門家でも初歩的なことを思い切って訊いてみてください。

Mさんも、「私の質問に答えながらお客さまがいろいろ気づいて、急にメモをとりはじめたりするんですよ」といいます。Mさんに質問されて、お客が自分の中の答に到達したという例でしょう。

私が「お客さんがみなさん、自分で答をもっているという気がしますか？」とたずねると、「そういう言葉ではないけれど、私は今まで『お客さまの横に座る前に頭をからっぽにしよう』って、ずっとそう思ってやってきました。それはお客さまのじゃまをするものを自分の中から追い出しちゃおう、ということなんです」とMさんは弾んだ声で話してくれました。

本人にその意識はないのですが、Mさんはまさに「天然コーチ」です。そして、抜群のコミュニケーションセンスでナンバーワンホステスさんの座を手に入れたといえると思います。

Mさんがナンバーワンであることに、同僚の中にも「なぜ?」と首をかしげるひとがいるそうです。一見したところ、特別なことをしていないからです。何もしていないようだけれど、実はお客にとって一番心地いい接客、つまり「人間の自然な心のあり方に則った接客」をコミュニケーションによって行なっているといえるでしょう。

もちろん、ナンバーワンホステスさんの手法のすべてがコーチングのスキルによって行なわれているわけではありません。それぞれが個性ある接客を工夫し、美を競い、ライバルと戦い、プレゼントなどで心をくすぐり、女性の魅力も最大限に発揮し、お客を獲得しています。

Mさんは、「一〇年以上銀座にいると、夜の世界の裏も表もわかってしまっています。仲間のホステスのいろんなやり方もみてきました。でも、そのうえで『やっぱり私のこのやり方』って、今自信をもてます。……ええ、すごくラクですよ。無理をしなくてすむから……」と話してくれました。

管理職のみなさんから、銀座の女性と管理職業務とは共通点がない、という声も聞こえてきそうですが、一度立ち止まって考えてください。日々、お客に感動を与えているMさんに見習うべきことが多いことに気づくでしょう。

部下は社内顧客です。彼らにとっての「ナンバーワンホステスさん」になってみてください。それは、部下が知識とスキルを備え、成長し、面白がって仕事をする支援をする、ということです。

部下の生産性が上がるなら、管理職はそれくらいのことをしてみてはどうでしょう。これは、妥協や迎合ではなく、管理職が成熟したコミュニケーション能力をもつことによって部下とウィン－ウィンの関係をつくることだといえます。

権威主義とはったりを捨て、管理職が変わることから始めなくては、部下のエネルギーはインスパイアレベルにはなりません。コーチングは自己変革から、ということを感じてほしいと思います。

あなたは、コーチングは部下のためだけのものではないということに、もう気づいていると思います。部下に知識、スキルを備えさせながら、管理職は間接的に自分自身も成長していきます。管理職とは過重な業務と責任を背負った「自己犠牲」のポジションだなどと思わないでください。成長と喜びに満ちた真に価値のある仕事こそ、管理職であると認識してほしいと思います。

おわりに（文庫新装版に寄せて）

私が、『目からウロコのコーチング』の単行本を執筆した二〇〇四年は、「失われた二〇年」という言葉が流行するほど不況が長期化していました。一般紙には、リストラとは名ばかりの整理解雇や企業の統廃合のニュースが躍っていたのです。

当時の管理職世代の育った時代背景を見ると、一九七〇年代にGNPの膨張は続き、日本人の間に経済大国意識が生まれました。彼らはその頃、幼少期を過ごします。「エコノミックアニマル」「働きバチ」などの、働きすぎを揶揄《やゆ》する表現が聞かれ、巨大化した組織が歪みはじめてきました。一九八六年頃から東京を中心に地上げが社会問題化しはじめ、個人投資も活発化。企業も本業を手薄にしてまでマネーゲームに奔走しました。そんな時期に、彼らは中学から大学と多感な時期を過ごしています。

そして入社した当時、多くの企業は「ほしい人材は、ほしいときに資金投入して調達すればいい」と考え、今いる社員を育成して勝てる組織をつくるという意識は低かったように思います。そういった会社の無自覚のカルチャーは雇用される側にもジワリと伝わります。「育てられてこなかった」「いいタイミングがあれば辞める」。そんなメッセージを会社にもっている管理職は多かったのです。

管理職は「部下に厳しくしよう」「でも、あまり厳しいとやる気が下がるのではないか」「ではときには褒めよう」と、姿勢が決まらず迷っていました。つまり、部下に「アメを与えようか、ムチでコントロールしようか」と操作方法ばかりを考え、働く人の感情にまで言及したマネジメントの体系を身につけていなかったのです。

そんななか、できる管理職は、部下の責任範囲まで越権行為に及び、指示命令という形で、部下が抱える課題を横取りしていました。権限の委譲をうまくできない、部下に考えさせられない、延《ひ》いてはやる気を喪失させることが多かったのです。21世紀になって、コーチングは目新しいビジネススキルとして受け入れられ始めました。やがて低迷する日本経済のなかで、今いる人材で強い組織をつくるために、マネジメントの必須アイテムとして定着しました。

とはいえ受講者からは「コーチングなんて生ぬるいことをやっていられません」とか「コーチングは一時のはやりもの」といわれました。しかし、あれから二〇年近くたちましたが、コーチングはすたれるどころか、ますます有効性の高いコミュニケーションスキルとして導入する企業が増えています。

背景の一つとして、ビジネスを取り巻くスピードが加速したことがあります。部下が指示を仰ぎ、その答である命令が個々に行きわたるまでに、環境が変化し、命令が古くなっていることがあるのです。ですから、一人ひとりに自ら考え行動できるビジネスパーソンであることが求められ、管理職は、部下が課題に対して俊敏に対応することをサポートしなければなりません。

そのとき、管理職は部下に「自分の課題解決は自分でやってくれ」と自立を求めます。「君は答をもっているのだから、指示・命令だけに頼らずに自分で考えてくれ。私はより高度な自分の課題を解決していくべきなんだ」という会話があるかどうかは別として、こういったコーチングの考え方は、今日のマネジメントにますますフィットし、必要なものとなっているのです。

また企業は、エンゲージメントに注目しています。エンゲージメントとは、仕事に対して就労者が抱いている感情関与の度合いをいいます。仕事に没頭している、夢中になっている、充実感を覚えるという状態です。

今若年層は、欠乏動機が一様に低く、ハングリー精神などという言葉は死語となっています。彼らが仕事に求める報酬は、外部から与えられるもの、例えば金銭やポジションではなく、内面に生まれる幸福感、つまりエンゲージメントの高い状態に変化しています。

ですから上司に合理的なデータを提示され、指示命令されても、それは彼らの意欲にはつながりません。それよりも自分らしいやり方、こだわり、面白さ、意義が明確なビジョンなどが、彼らのエンゲージメントを上げます。

私は、毎年同じ企業でマネジメントや入社時のトレーニングを行なっていますが、日本人の心が驚くほど変化していると感じます。場の雰囲気を和らげることは巧みですが、忠誠心や謙虚さはあまり感じられません。しかし、彼らも遂行困難な課題だからこそ却《かえ》って力が湧く、会社に貢献したいというときがあるのです。そういった部下の感情と仕事との結びつきを高めるとき、上司の関わりが影響します。当然ながらコーチングによって引き出された答に従って行動することによって、エンゲージメントは上がるのです。

コーチングで求められる自立は、厳しいものです。しかしあなたが、答を探すところまで会話でサポートすれば、部下はエンゲージメントが高い状態になり、自ら答を求めて考えるようになるでしょう。ぜひ試してください。

◎参考・引用文献

『完全なる人間』A・H・マスロー著、上田吉一訳（誠信書房）
『怒りのダンス～人間関係のパターンを変えるには　わたしらしさの発見（3）』H・G・レーナー著、園田雅代訳（誠信書房）
『コーチング～人を育てる心理学』武田建（誠信書房）
『自己カウンセリングとアサーションのすすめ』平木典子（金子書房）
『カウンセリングの技法』國分康孝（誠信書房）
『対人援助とコミュニケーション』諏訪茂樹（中央法規出版）
『多様性トレーニングガイド』森田ゆり（解放出版社）
『アサーティブ・ウーマン』S・フェルプス、N・オースティン著、園田雅代、中釜洋子訳（誠信書房）
『EQ～こころの知能指数』ダニエル・ゴールマン著、土屋京子訳（講談社）
『コーチングの思考技術』DIAMONDハーバード・ビジネス・レビュー編集部編訳（ダイヤモンド社）
『新インナーゲーム』W・T・ガルウェイ著、後藤新弥訳（日刊スポーツ出版社）
『痛快！　心理学』和田秀樹（集英社インターナショナル）
『［入門］ビジネス・コーチング』本間正人（PHP研究所）
『部下を伸ばすコーチング』榎本英剛（PHP研究所）

著者紹介

播磨　早苗（はりま　さなえ）
㈱フレックスコミュニケーション代表。

ＨＢＣ北海道放送にアナウンサーとして勤務後独立。コミュニケーション心理学、自己表現、コーチングを学び、2004年に㈱フレックスコミュニケーション設立。現在、企業を対象とした組織開発のコンサルティング業務を軸とし、研修を設計・デザインしている。また、自らも講師として、管理職研修、営業職研修、プレゼンテーション研修のほか、士業、教員、医家などを対象としたオープンセミナー、女性のためのコミュニケーションセミナー、子育てに関するワークショップなどを中心に活動している。
企業の経営者・管理職を対象に行なうエグゼクティブコーチングは、業績向上とともに企業風土の変革にも寄与し、好評を得ている。さらに、ラジオ番組出演、経営者・管理職対象の講演などを通し、コーチングの普及活動も活発に行なっている。
著書に、『今すぐ使える！コーチング』（ＰＨＰビジネス新書）、『コーチングで変わる会社　変わらない会社』（共著、日本実業出版社）、『リーダーはじめてものがたり』『宿屋再生にゃんこ』（以上、幻冬舎）などがある。

ホームページ
https://www.flex-communication.com/

YouTubeチャンネル「SANA PUNCH」
https://www.youtube.com/channel/UCpMQqZsA3Bc7aGucR48BrKw

この作品は、2008年４月にＰＨＰ文庫から刊行された『目からウロコのコーチング』を改版し、加筆・修正したものである。

新装版
PHP文庫 目からウロコのコーチング
なぜ、あの人には部下がついてくるのか?

2020年2月18日 第1版第1刷
2021年3月25日 第1版第2刷

著　者　播　磨　早　苗
発行者　後　藤　淳　一
発行所　株式会社PHP研究所
東京本部 〒135-8137 江東区豊洲5-6-52
PHP文庫出版部 ☎03-3520-9617(編集)
普及部 ☎03-3520-9630(販売)
京都本部 〒601-8411 京都市南区西九条北ノ内町11
PHP INTERFACE https://www.php.co.jp/
組　版　朝日メディアインターナショナル株式会社
印刷所
製本所　図書印刷株式会社

ISBN978-4-569-76977-6